国内の電気

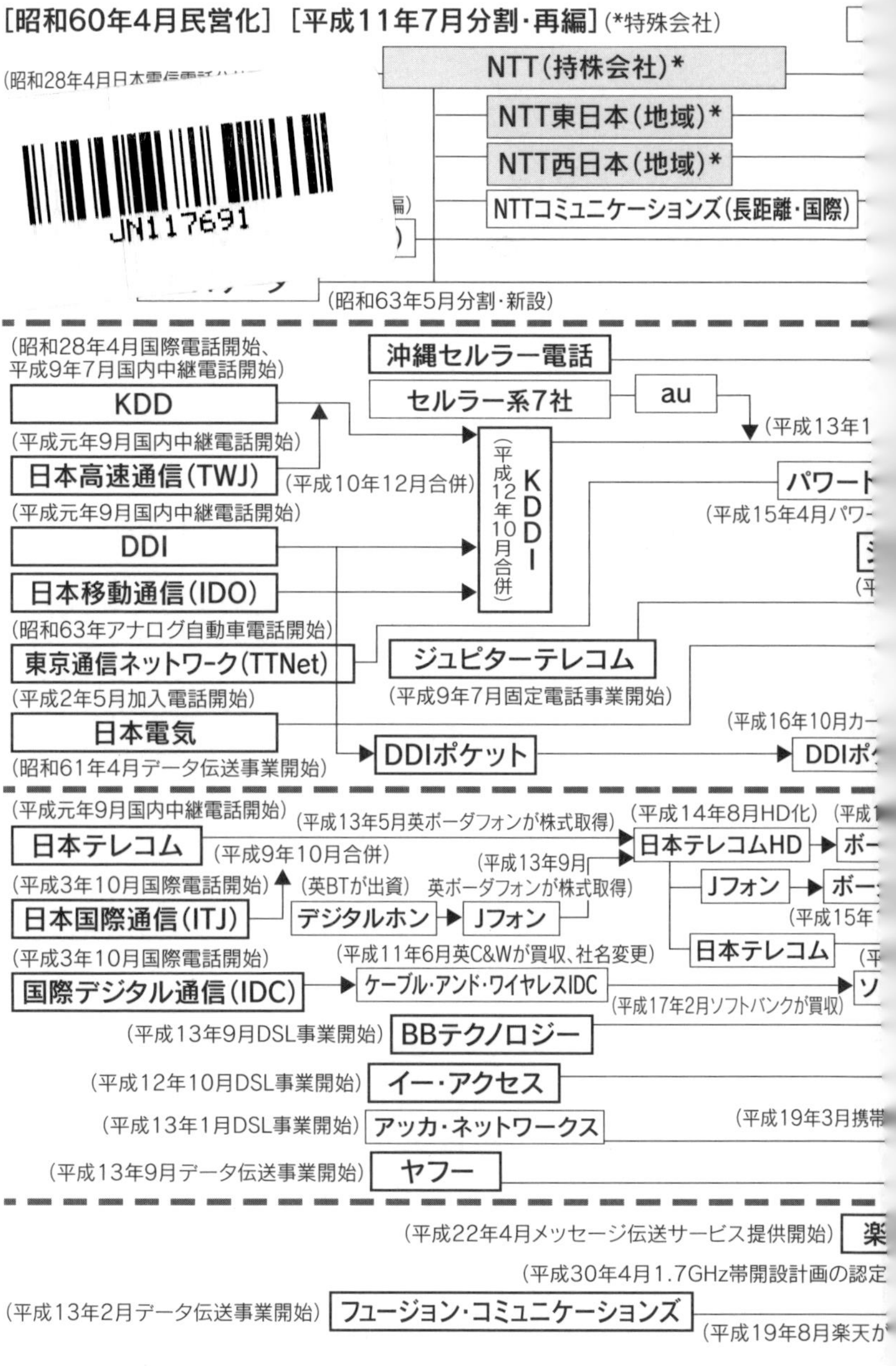
[昭和60年4月民営化] [平成11年7月分割・再編] (*特殊会社)
(昭和28年4月日本電信電話
NTT(持株会社)*
NTT東日本(地域)*
NTT西日本(地域)*
NTTコミュニケーションズ(長距離・国際)
(昭和63年5月分割・新設)
(昭和28年4月国際電話開始、平成9年7月国内中継電話開始)
KDD
沖縄セルラー電話
セルラー系7社
au
(平成13年1
(平成元年9月国内中継電話開始)
日本高速通信(TWJ)
(平成10年12月合併)
KDDI
(平成12年10月合併)
パワード
(平成15年4月パワー
(平成元年9月国内中継電話開始)
DDI
日本移動通信(IDO)
(昭和63年アナログ自動車電話開始)
東京通信ネットワーク(TTNet)
ジュピターテレコム
(平成2年5月加入電話開始)
(平成9年7月固定電話事業開始)
日本電気
(平成16年10月カー
(昭和61年4月データ伝送事業開始)
DDIポケット
DDIポ
(平成元年9月国内中継電話開始)
(平成13年5月英ボーダフォンが株式取得)
(平成14年8月HD化)
日本テレコム
(平成9年10月合併)
日本テレコムHD
ボー
(平成13年9月
(平成3年10月国際電話開始)
(英BTが出資)
英ボーダフォンが株式取得)
Jフォン
ボー
日本国際通信(ITJ)
デジタルホン
Jフォン
(平成15年
(平成3年10月国際電話開始)
(平成11年6月英C&Wが買収、社名変更)
日本テレコム
国際デジタル通信(IDC)
ケーブル・アンド・ワイヤレスIDC
(平成17年2月ソフトバンクが買収)
(平成13年9月DSL事業開始)
BBテクノロジー
(平成12年10月DSL事業開始)
イー・アクセス
(平成13年1月DSL事業開始)
アッカ・ネットワークス
(平成19年3月携帯
(平成13年9月データ伝送事業開始)
ヤフー
(平成22年4月メッセージ伝送サービス提供開始)
楽
(平成30年4月1.7GHz帯開設計画の認定
(平成13年2月データ伝送事業開始)
フュージョン・コミュニケーションズ
(平成19年8月楽天が

ビヨンド！

KDDI労働組合20年の「キセキ」

本田 一成 著

新評論

まえがき

誰もが知る総合通信サービスブランド「au」をはじめとして、ＩＴ通信サービス事業を行っている「ＫＤＤＩ株式会社」、日本における大手電気通信事業者である。二〇〇一年に現在の社名になるまでもそれ以後も、多くの合併・吸収を繰り返してきた。本書で描かれるのは、その歴史ではなく「労働組合の歴史」である。

それを明らかにするとき、前身組織であるＫＤＤ労働組合（一九九八年〜二〇〇〇年）や、さらにさかのぼって国際電信電話労働組合（一九五四年〜一九八八年）の歴史を紐いていく必要があるのだが、国際電電労組が結成されて以来の歴史を詳細にまとめた書籍はどこにも存在しない。そのことに気づいた筆者は、まず国際電電労組の機関紙である〈国際電電〉に飛びつき、時を忘れて、場所を選ばず、むさぼり読むことにした。

すると、刮目すべき事実が次々に現れた。たとえば、国際電電労組は、躊躇なくストライキ戦術を繰り返す一方で、業界の近代化に伴う合理化対策の渦中で「労使の事前協議」を最大限に活用してきたことなどだ。また、企業別組合の枠を超えた広い視点による取り組みにも目を見張ってしまった。ここでは、三点だけ例示しておこう。

第一に、本書で大きく取り上げることになるが、ＫＤＤＩ労組が発足したとき、ＫＤＤ労組時代のユニオンショップ（入社時に労働組合に加入する制度）の放棄を余儀なくされ、長らく渇望することになった。だが、国際電電労組時代の一九六八年一月、加盟している産業別組合である「電通共闘」[1]が「ナショナルセンター総評」へ一括加盟した際、国際電電労組は、産業労働者の連帯を目指すためにはユニオンショップが足かせになるとして、自らその廃止を検討していたのである。しかし、詳細は不明だが、実現することはなかった。

何という皮肉な事実であろう。オープンショップ（労働組合への加入は自由）によって窮地に陥ったＫＤＤＩ労組が、元を辿ればオープンショップを求めていたのだ。その道を歩んでいたとしたら、いったいＫＤＤＩ労組はどうなっていたのだろうか。思わず、筆者は思考実験を楽しんでしまった。

第二に、一九六〇年代に入ると、国際電電労組は「同一労働同一賃金」の導入を目論みはじめた。当時の同一賃金とは、現在大きく注目され、相次ぐ裁判で関係者が固唾《かたず》を飲んで判示を凝視する、非正社員や男女の賃金格差の解消につながるような内容ではない。企業横断的な、つまり同じ産業のなかで仕事が同じなら同じ金額となる「仕事別賃金」のことである。

国際電電労組の「同一労働同一賃金」の路線は、前述した総評への加盟によって産業別志向が強化されたことで加速し、本書「プロローグ」の冒頭に登場する国際電電労組の佐賀健二（敬称略、以下同）が、年功賃金に拘泥《こうでい》する労組に危機感を感じて主導することになった。

佐賀は、形式上は年功賃金のほうが大幅の賃上げを獲得しやすいが、長期的に見れば、同一賃金にしてから上昇させるほうが本当の賃上げになると主張した。そのため、労組内に論争を巻き起こし、産業別労働運動論も勘案した賃金体系の是正を促すことになった。

ところで、本書執筆中の二〇二〇年頃から「ジョブ型雇用」なる言葉が流行し、それを追うようにKDDIが「ジョブ型」と銘打った新人事制度を発表して大きな話題になった。だが、基本設計は従前のままで、仕事の分類や格付けを整理したり、評価制度を変えるところに力点が置かれていたため、「ジョブ型」と冠することに異論がある。日の目を見なかった国際電電労組の同一賃金の取り組みであるが、当時のほうが「ジョブ型」への眼差しが強かったということに驚いてしまう。

第三に、産業レベルの取り組みになるが、一九七〇年代には電通共闘が通信建設の請負制度を問題視し、大規模な産業実態調査を実施した。名目上は、産業政策の試金石となるような安全衛生基準の確立にあったが、「請負」という仕組みのなかにいかなるメカニズムが働いているのか

（1）一九六二年、電電公社、国際電電、通信建設労働者などの電気通信にかかわる労働者二〇万人が集結して結成された労働組合で、一九七七年まで続く。その後、電通労連、情報通信労連を経て、現在の「情報労連」につながる。

に踏み込み、低位な労働条件を詳細に分析している。通信労働者だけでなく、通信設備を支える建設労働者を含めて広く組織することこそ産業別組合の真骨頂であり、国際電電労組もその一員であった。

現在、労働者の多様化を通り越して、「請負」という、いわば非労働者化が進められようとしている。当時の、電通共闘の請負に対する分析視点は現代の問題を先取りしており、多くのヒントを与えてくれる。

私事になるが、第二、第三の点は、筆者の研究者生活で知遇を得た人々と再び交わるきっかけとなった。

「同一労働同一賃金」については、それを主導した佐賀が、恩師である岸本英太郎京都大学教授（一九一四〜一九七六）を頼って、座談会や委員会など要所で労組へ招いている。その際、同じ岸本門下の大学院生で、今や労働研究の大御所となった熊沢誠甲南大学名誉教授も同行して、熱弁を振るっていたという事実を知った。

「そんな昔のことを知っているのか！　そう、岸本ゼミ一同は年功賃金を否定する企業横断的賃金論者であった」と熊沢は語ったが、交流のある熊沢からそんな話はもちろん聞いたことがなかったし、国際電電労組と接点があったというのも筆者には初耳であった。

熊沢自身は、その後、日本企業独特の仕事のさせ方や能力主義の性質などを理由にして、若干考え方を変えたという。だが、近年は横断的賃金が再評価されている、とも指摘している。

通信建設の請負制度については、調査チームを指揮してメスを入れたのが岡本秀昭法政大学教授（一九三一〜一九八九）であったと知った。岡本は、当時東京大学の助手であった稲上毅（東京大学名誉教授）らを伴って実査に入った。そのときの様子については稲上から聞けたが、残念ながら、四分冊五〇〇ページ超に及ぶ報告書は紛失したという。

その後、日本の経済および社会構造、資本主義の比較研究などで知られるロンドン大学名誉教授、ロナルド・フィリップ・ドーア（Ronald Philip Dore, 1925〜2018）との共同研究をはじめとして、壮大な「世界の賃金・七〇〇〇年論」（『電通労連レポート』一九八四年一〇月号〜一九八五年一・二月号）をまとめるなど、数々の活躍をしたのちに闘病生活に入っていった岡本、最後に担当した大学院の授業を受けたのはただ一人であった。それが筆者である。

「テキストは英語のもの、ドイツ語のもの、フランス語のもの。君はどれがいいと思うかね？」と真顔で尋ねてきた岡本は、まちがいなく天才であった。

一年が経過した一九八九年の春、岡本は日本最大のナショナルセンター連合の結成を見ることなく帰らぬ人となった。その直前、見舞いのために訪れた北里研究所病院のベッドに横たわる岡本に近況報告と挨拶を終え、辞去しようと歩きだしたとき、「本田君！」と、妙に力強い声で呼び止められた。振り向くと、起き上がり、目を閉じて合掌する岡本夫妻の姿が目に飛び込んできた。浅学非才な大学院生は、前述した報告書のことも知らずに大事な機会を逸しながら、二人きりの濃密な勉強時間を共有していたことになる。本書の執筆中、このときのことが何度も頭に浮かんでいる。

偶然にも、労組の歴史を調べるなかで労働研究の巨人たちや関係者に会うことができた。いや、労使関係研究の全盛期のことであるし、問題意識がなかったり、特定の接近法にこだわってしまうと見逃すという好例だと思い至れば当然の結果かもしれない。だが、人間社会に生きる身としては、本書の出版機会がなければ見落としていたという実感のなかに「奇妙な縁」を感じてしまう。

国際電電労組におけるこれらの事実を、ＫＤＤＩ労組の現役役員たちの多くは知らなかった。新旧労組の活動の連続性や継承性の検証は脇に置くとして、裁量労働制、インターバル勤務制度、新人事制度など、外野席から見れば毀誉褒貶《きよほうへん》のあるＫＤＤＩ労組の取り組みは、日本の労組のなかにおいて先駆的であることはまちがいない。

ＫＤＤＩ労組の歴史に取りかかる前の、筆者の心持ちについて述べさせていただいたが、読者のみなさんに対しては、本書では割愛した国際電電労組の歴史の一端を紹介したことになる。これらをふまえて、ベールに包まれていたＫＤＤＩ労組の歴史を振り返っていただきたい。読後、思いも寄らない壮大さに驚くことになるだろう。そして、労組の活動に対する見方が変わるかもしれない。それを筆者は願っている。

◆もくじ

特別警戒実施中
飯田橋メディカルモール
TULLY'S COFFEE
SHOPS

第2章　大転換——東日本大震災とユニオンショップ　149

ビヨンド！——ＫＤＤＩ労働組合20年の「キセキ」

プロローグ——KDD1労組前史

B29を目撃した少年

一九四五年八月、あの日の朝、戦略爆撃機B29がたった一機で広島方面へ向かう姿を、海の近くに住んでいた少年がはっきりと見ていた。高知県のほうから四国山脈を越えて、松山市を通って瀬戸内海に向かう。その先、一直線のところに広島がある。

B29が通過してから警報が鳴ったので、警戒していなかったことになる。静かで、のんびりとした快晴の朝だったが、やがて「ドーン」と大きな音が聞こえてキノコ雲が見えた。それが何なのか、分からなかった。

当初、原爆とは特定されず、長らく国民には「調査中」ということにされていた。だが、少年の家では、いち早く真実を知ることになった。

広島の「江田島海軍兵学校」(1)にいる兄から、数日後にハガキが届いた。母親がハガキを水に浸して切手の裏を見ると、「原子爆弾」と書かれていた。兄は、「人に言えないことがあるときは、ハガキに貼った切手の裏に書く」と言って入学していたのである。

少年の名は佐賀健二。一九三一年に大阪市で生まれ、現在九〇歳を超えている。「国際電信電話労働組合」（本書では「国際電電労組」と記す）の最古参ＯＢの一人である。B29を目撃したのは、大阪からの疎開先である松山でのことだった。

佐賀健二。90歳超とは思えない記憶力と語り口（國學院大學にて）

成績抜群であった佐賀は、父親が[2]病気で倒れたため大学進学を断念したが、思い直して、通学できる条件の勤務先を探し、逓信省から分かれたばかりの電気通信省に入った。電気通信省は、一九四九年六月一日、逓信省が二省分離（郵電分離）され、郵政省とともに設置されている。電報局を皮切りに、勤務のかたわら苦学を続け、電気通信大学、中央電気通信学園を経て、大阪外語大学に入学した。一九五三年四月一日、大学の入学式へ出席した日が、国際電信電話株式会社（国際電電、略称ＫＤＤ、本書では「国際電電」と記す）が発足した日であった。

前年の一九五二年七月三一日の「日本電信電話公社法」と、一九五二年八月七日の「国際電信電話株式会社法」の発布により、一九五二年八月に国内の電信電話業務は日本電信電話公社（本書では「電電公社」[3]と記す）に、そして一九五三年四月一日には国際電信電話業務が国際電電という分業で運営されるようになっていた。

国際電電は、国際通信網を迅速かつ円滑に整備する目的から、機動性および柔軟性のある株式会社化が選択された。この国際電電の労働組合は一九五〇年に結成され、電電公社の労働者を組織していた「全国電気通信従業員組合（全電通・現在のＮＴＴ労働組合）から分かれた

（1）一八七六年に東京・築地に開校された将校・士官の養成機関である旧海軍兵学校の呼称。一八八八年に広島県安芸郡江田島町へ移転した。一九四五年に廃校となり、現在は海上自衛隊幹部候補生養成学校となっている。

（2）通信および交通運輸の行政を総轄した官庁で、一八八五（明治一八）年一二月、内閣制度の発足に伴って新設された。初代大臣は榎本武揚（一八三六〜一九〇八）。

（3）一九八五年に民営化され、現在のＮＴＴグループとなった。

「国際電信電話のしおり」（1960年）。国際電電が、その通信網とサービスを紹介するために発行した

「国際電電労組」であり、一九五三年四月一日に約三〇〇〇人で結成されたものである。

佐賀も電電公社の社員になったあとに国際電電に移り、労組の存在を知っていた。だが、苦学中で距離を置いていたため、労組の役員として活躍するのはのちのこととなる。

京都大学大学院で岸本英太郎教授（ⅳページ参照）に師事した佐賀は、国際電電労組調査部長として、あるいはその産業別組合である「電通労連（電気通信情報産業労働組合連合）」の役員として、賃金（賃金政策や交渉）や労働政策などで輝かしい業績を残したあと、亜細亜大学教授に転じている。

岸本英太郎教授（左）と佐賀健二
（提供：佐賀健二氏）

産業別組合について説明をしておこう。企業単位で結成される組合の多くは、その産業を単位とする上部組合へ加盟している。つまり、産業別組合は企業別組合の集合体であり、「組合の組合」になる場合と、産業労働者個人が直接に加入する場合がある。ここで述べている「電通労連」は前者にあたり、一九八〇年に発足した電気通信産業の産業別組合である。前身の組織は、一九六二年に電電公社、国際電電、共済会、通信建設などの労働者で結成された「電通共闘（電気通信産業労働組合共闘会議）」であり、共闘組織から産業別組合に移行している。

佐賀の話は、二〇一九年七月、筆者の前任校である國學院大學渋谷キャンパスの経済学部長室で聞いた。高齢のうえに足が悪かったため、筆者が「自宅を訪問する」と申し出ても一切聞き入れず、電車やバスを乗り継いで佐賀はやって来た。話は尽きず、同年八月にも國學院大學で会っている。

佐賀をはじめとして、一群のOB・OGの歴史を語ることは、国際電電労組の多くを記すことになり、そこには数々の激戦と知られざる物語がある。本書はKDDI労組に焦点を当てたものなのに、あえて国際電電労組の幹部役員であった佐賀の話から入ったのには、銘記しておきたいことがあるからだ。

佐賀は、自身が体験したように勉学したくてもできない社会、若者が苦悩する社会は変えなければならないと

総評定期大会での電通共闘の役員たち（1973年）
（提供：佐賀健二氏）

痛感し、「その推進力は労働運動であるから絶対にやりたい」とか「労組活動について究めてやる」と誓いを立てた。また、人生では人間一人の力ではどうしても抗えない禍《わざわい》が襲い、それによって生き方や運動が根底から変わったという体験を佐賀はしている。

佐賀にとっての体験が戦争であることは明らかである。のちの日本は、つまりKDDI労組が結成されたあとも、災害や疫病などの禍に襲われている。そのような事実は、国際電電労組の財産がKDDI労組に引き継がれているのと同じく、留意しておくべきことであろう。

五〇年後、阪神淡路大震災

一九五三年に結成された国際電電労組は、結成以来、ストライキをいとわない労使交渉、他労組がうらやむ事前協議を含む労使協議制、育児休暇や短時間勤務などといった先進的な制度のほか、業界を揺るがした合理化問題、「KDD事件」(4)といった不祥事などの波にのみ込まれない耐久力などで高く評価される名門労組の一つに数えられている。

そういえば、最近「ストライキ」という言葉を耳にしなくなった。簡単に説明しておこう。労使交渉で決着しない場合、労働者が行う争議手段の一つであり、労組が組合員の投票を経て決定し、組合員の労働の停止を指令するというものである。根拠となる団体行動権は憲法が保障する「労働三権」の一つであり、労働法上「ストライキ」は合法である。

さて、国際電電労組の初代委員長は高野久吉（一九一七～没年不詳）で、第一〇代となる委員長は横山昇である。同労組の結成から四〇年超、終戦から五〇年後の一九九五年一月一七日の早朝、兵庫県南部を震源地とする地震が関西地方を襲った。阪神淡路大震災である。地震が発生したこのとき、同労組は約四三〇〇人の組合員を擁し、横山昇が率いていた。

この震災における被害だが、組合員自身が死亡したということはなかったが、家族が死亡したという人が一人、負傷者は多数、建物の被害は五〇件を超えた。同労組は、早速数々の震災支援を決めるとともに、ボランティア活動を開始した。各支部からもボランティアを派遣したが、

（4）　KDD社長と社長室長が業務上横領で逮捕された、密輸および汚職事件のこと。一九七九年一〇月、社長に同行したKDD社員が成田空港で密輸摘発されたのが発端となり、国会議員や郵政官僚への贈収賄事件に発展した。

KDD事件を受けて経営刷新を求める本社前での中央集会（1980年）（提供：情報労連）

金澤俊治（左から２人目） 熊本県天草郡苓北町の苓北海底線中継所にて1996年撮影　中継所の閉所が相次いだ

KDDI 新宿ビル。1974年に建設された旧 KDD 本社ビル

入り口近くにアンデルセンの切絵を使った５枚のレリーフがある

現地でもっとも密着した支援を行ったのは、同労組が加盟する産業別組合の「情報労連」の立場[5]

で現地入りをした金澤俊治であった。

先に断っておこう。本書で紹介することになる労組ＯＢ・ＯＧの会社在職者とは、多くの場合、職場のある社内か近隣の喫茶店で会って話を聞いている。金澤のように、東日本支部に在籍していた関係者とは、「ＫＤＤＩ新宿ビル」で会うことが多かった。

ＪＲ新宿駅の南口から甲州街道を西へ五分ほど歩くと、右手にこのビルはある。少し目をそらすと、東京都庁の一部分が見える。手前のビルに遮られているのだ。

金澤は一九五七年生まれで、三重県伊賀市の出身である。一九七五年に地元の上野工業高校を卒業後、国際電電に入社した。前年に完成したばかりの新宿本社ビルで初めて執り行われた入社式にも出ている。入社後、東京・中央区京橋、三重県の上野送信所、島根県の浜田中継所などで勤務をした。

労組には、東京にいたときに支部の青年部役員からはじめ、浜田では分会長となった。一九九〇年に本部専従となり、再び上京した。横山委員長のもとで教育宣伝（教宣）や組織活動・組織

（5）電通労連は、電気通信産業に加えてソフトウエア産業の労働者などの組織拡大や産業別労働運動の強化を通じて、一九八六年に「情報通信労連」へ略称を改めたのち、一九九一年に「情報労連（情報産業労働組合連合会）」に改称した。

拡大（組織）を担当してから、四年間、情報労連の役員となった。

阪神淡路大震災が発生したときには情報労連に派遣されていた金澤は、国際活動（国際）や教宣を担当していた。「連合」[6]からもボランティアを出すことになり、産業別組合の代表者となって現地に入り、毎日、全国から約三〇人が集まるボランティアの現地責任者となった。

テレビで見る風景とは違う、と金澤はすぐに気づいた。地震は、建物を崩壊するだけでなく、火事も発生させてしまう。震災跡は焼け野原であった。避難所には避難者の名簿もなく、配った毛布が古いとか新しいとか、避難者同士のトラブルが次々に発生するほど殺気だっていた。

金澤は、日々のボランティア活動のかたわらで地元の中学校にも出向き、生徒たちとの交流を重ねた。

金澤（後列左）と避難所の中学生たち。1995年撮影（提供：金澤俊治氏）

神戸市立太田中学校の卒業文集の表紙（提供：金澤俊治氏）

制服がない生徒がたくさんいて、カンパを募って買ったほか、あらゆる相談にも乗ってともに悩んだ。そのときの中学生と写した写真や卒業式でもらった卒業文集、そして避難所の人たちからもらったお礼の手紙や写真などが宝物となった。

金澤といえば、誰もが知るワイルドな髭《ひげ》が特徴だが、それは神戸から東京に戻ってからのことであり、阪神淡路大震災の前には髭はなかった。

一方、国際電電労組の組織内議員であり、宝塚市議会議員であった松崎哲育《てついく》は、地震の直後から素早く動いた。組織内議員とは、労組や業界団体などの出身者が、その支持や応援を得て候補者となり、選挙に立候補する議員

（6）　日本労働組合総連合会。一九八九年に結成されたナショナルセンター（労組の全国組織）で、総評（日本労働組合総評議会）、同盟（全日本労働組合総同盟）、中立労連（中立労働組合連絡会議）、新産別（全国産業別組合連合）の再編によって誕生した。

選挙運動中の松崎哲育（提供：松崎哲育氏）。インタビューの時、「ビールを飲もう」と冗談を言っていたがコーラになった

のことである。当選後は、送りだした出身母体の意向に基づく議員活動を行う。当時、同労組の組織内議員として、松崎を含めて三人の地方議会議員がいた。

松崎は、一九三〇年に三重県伊勢市に生まれた。逓信省（四ページ参照）の名古屋逓信講習所業務課を経て、一九四八年に鳥羽郵便局員となったが、その後、中央電気通信学園国際無線科へ進学した。一九五一年に卒業して、日本電信電話公社の大阪国際電報局に配属され、一九五三年に設立された国際電電に移っている。

国際電電労組では、大阪電報支部で職場委員からはじめ、情報宣伝部長、副支部長を経て支部長に就任したのち、選挙準備のために退任した。一九七一年、日本社会党候補として兵庫県宝塚市議会議員に初当選し、以後、引退する一九九九年まで七期二八年にわたって組織内議員を続けた。

避難所に置かれた電話（提供：松崎哲育氏）

松崎が面会の場所に指定してきたのは、阪急宝塚線売布《めふ》神社駅前の専門店ビルであった。二〇二〇年八月のことである。

駅の改札口で落ち合い、ビルに入っている喫茶店に向かう。通行人から挨拶されたり、気さくに声をかける松崎と並んで歩く。近隣には、松崎が市議時代に建設に努力を傾けた宝塚市民の共同施設である「売布会館」がある。松崎にとって売布は大切な場所であり、終の棲家ともなる地であろうと思われる。

松崎が七期目の挑戦を控えていた一九九五年一月一七日に阪神淡路大震災は発生した。宝塚市には、国際電電の社宅のほか、男性と女性の独身寮がある。松崎は早々に宝塚市と話をつけて、空き家状態になっていた社宅を被災者の住居として供出した。また、男性用の独身寮を開放して、高齢者を優先して約八〇人の避難住民を受け入れた。

これらの施設では、男女交代、時間制で入浴できる環境がつくられ、高齢者たちに大いに歓迎されたという。その後、約四年にわたって、松崎は国際電電労組や情報労連の被災労働者へ対応しながら地域の再建に力を注いでいる。

地震の朝――それぞれの当時を紹介

地震が起きた早朝、奈良市に住んでいた当時三歳の村田唯《ゆい》（のちにＫＤＤＩ労働組合中央本部役員）は、何事もなかったようにスヤスヤと寝てい

村田唯（提供：KDDI労組）

た。本人にまったく記憶はないが、母親は揺れ続ける周囲をにらみながら必死に娘を守っていた。当時、父親が単身赴任中であり、当日のうろたえ方や阪神淡路大震災の惨事は母親からずいぶん聞かされたという。

ここで紹介する未来のＫＤＤＩ労組の役員たち、それぞれの人生においてこの地震を経験し、記憶にとどめてきたという事実をふまえていただきたい。

日本高速通信[7]（本書では「テレウェイ」と記す）に勤務し、高速道路回線の監視と保守を担当していた吉永徹也（のちに本部役員）は、テレビのニュースで地震を知り、監視室に駆けつけた。駐車場には、これまで見たこともない台数の車があふれ、玄関は靴箱に入らない靴であふれていた。監視盤は大阪から広島までの回線が切断されており（一部東京もそうだったが）、それに影響を受ける回線も含めて、危機を知らせるサインで真っ赤に光っていた。

「協和テクノロジィズ」に勤務し、兵庫県川西市の独身寮に住んでいた鈴木《すずき》嘉仁《よしひと》（のちに西日本支部長）は、窓の外でカラスが鳴きは

吉永徹也。東日本支部の副支部長兼教宣部長。2017年撮影（提供：KDDI労組）

じめて目が覚めた。その三〇秒後、背中を突きあげられ、次に左右に振れるという、これまでに体験したことのない揺れを感じて飛び起きた。

詫間電波工業高等専門学校（現・香川高等専門学校）の一年生で寮生活をしていた細川泰幸（のちにKDDIエンジニアリング支部長）は、寝ているパイプベッドが激しく揺れているのに気づいた。ギシギシと揺れ続けているからベッドにしがみつき、先輩か同級生の誰かがいたずらで揺らしているのだろうと、寝ぼけつつ迷惑なことだと思っていた。

（7）一九八三年の通信事業の自由化を受けて、電電公社や国際電電以外の新電電、「NCC（New Common Carrier）」と呼ばれた新規通信事業者の一つで、一九八四年に日本道路公団とトヨタ自動車などが高速道路の通信回線を活用する形で設立した。

西日本支部長の鈴木嘉仁。2018年撮影（提供：KDDI労組）

エンジニアリング支部長の細川泰幸。2014年撮影（提供：KDDI労組）

三重県伊勢市に住んでいた中学二年生の伊藤友明（のちに本部役員）は、早朝の大きな揺れで目を覚ました。所属していた陸上部の朝練習があるので、そのまま準備して学校に向かった。部活の仲間たちに会うと、「めっちゃ揺れたなー」と地震の話題でもちきりになったが、監督が来たので練習をはじめた。

大阪市高槻市に住んでいた小学三年生の安藤祐樹（のちに本部役員）は、すごい揺れに気づいて目を覚ました。今にも倒れそうに、箪笥《たんす》がガタガタと大きく動いているのに気づいて、「お父さん助けて！」と大声で叫んでいた。箪笥が本当に倒れてきたので別の部屋に逃げると、本棚が全部倒れて本が散乱していた。窓の外を見ると、庭にあった灯篭《とうろう》が倒れていた。

神戸市に住んでいた高校一年生の早川英孝（の

伊藤友明（提供：KDDI 労組）

安藤祐樹（提供：KDDI 労組）

ちに本部役員）は、五時四六分の少し前に、なぜだか目が覚めて起きあがって座っていた。そこで身体が跳ねた直後、ゴゴゴという音が聞こえてきた。未体験の縦揺れが大きすぎて、逆に地震とは思わなかった。角地にあった自宅へダンプカーが突っ込んだのかも、と思ったが、揺れが長くてそうではないと気づいた。

　自宅は損壊し、インフラや交通が止まったその日から一か月近く休校となり、自宅待機となった。早川は、自衛隊駐屯地ともなった市内の「しあわせの村」へ徒歩で通い、救援物資の仕分けや管理のボランティアをはじめた。

　東北大学法学部の学生であった後藤一宏（のちに委員長）は、連日報道される阪神淡路大震災の経過状況を見て、いても立ってもいられず、「青春18きっぷ」[8]を手にして、友人とともに仙台から

早川英孝（提供：KDDI 労組）

後藤一宏（提供：KDDI 労組）

列車に乗り込んだ。神戸に到着後、数日のボランティア活動をして一旦仙台に帰ったが、一か月後、再びボランティアで兵庫県を訪れている。

ＫＤＤ労組の最後の委員長

阪神淡路大震災から数年、国際電電労組結成から約五〇年後、ＫＤＤ労組（一九九八年、国際電電労組が会社合併によってＫＤＤ労組に改称）の最後の委員長となる千葉仁平《にへい》は、会社合併の対策に日夜取り組んでいた。一九九八年、国際電電とテレウェイが合併してＫＤＤとなったことも労組にとっては大転換であったが、それ以上の規模となる会社合併の波が押し寄せた。

二〇一九年五月、ＫＤＤ労組とＫＤＤＩ労組の端境期のことを聞くために千葉の住む埼玉県坂戸市に向かった。実は、その前週に会う約束にしていたが、列車の運行を止めるほどの豪雨が筆者を阻んだ。仕切り直しとなり、ようやく会えたのだ。

一九九九年一二月、ＫＤＤと第二電電[9]（本書では「ＤＤＩ」と記す）、日本移動通信[10]（本書では「ＩＤＯ」と記す）の合併による新会社「ＫＤＤＩ」の設立が発表され、三社が合併の覚書に調印したことで、労組の行く末に注目が集まっていた。

千葉は宮城県塩釜市の出身で、一九五〇年に生まれ、小学校、中学校、高校と塩釜市で育った。

仙台電波高校（現・仙台高等専門学校）に進学し、就職時にはまず学校の推薦で電電公社を受けた。だが面接のとき、なぜか新聞部の活動をしていたことが長時間にわたって根掘り葉掘り聞かれたので雲行きが怪しくなったと感じ、慌てて国際電電の入社試験を受けて合格した。千葉は、電電公社に受かった同級生がのちに左翼活動で鳴《な》らす状況を見て、「何だかなあ……」

（8）日本国有鉄道（現ＪＲ）が一九八二年に発売した一日乗り放題の乗車券。期間限定で、ＪＲ全線で誰もが使える。二〇二二年現在、五回分セットで一万二〇五〇円となっている。

（9）京セラの社長稲盛和夫が新規通信事業者として参入し、通信料金を下げることを構想して、一九八四年、京セラを筆頭にソニー、セコム、三菱商事、ワコールなど二五社が出資して創立した「第二電電企画」を経て、一九八五年に設立された。

（10）一九八七年、トヨタ自動車を筆頭に、東京電力、中部電力などが出資してＩＤＯが設立された。携帯電話や移動電話の事業を展開したが、他社との競合により苦戦し、一九九八年にトヨタ自動車の子会社となった。

1998年、国際電電とテレウェイの合併。両社の社長が握手（『KDD社史』503ページより）

千葉仁平（提供：千葉仁平氏）

と複雑な気持ちになったという。

配属されたのは大手町庁舎の印刷電信機課で、庁舎内のテレックス端末や庁舎外（客先）のテレックス端末の保全や修理を行っていた。また、三〇余りの職場がある東日本回線統制支部（現・東日本支部）の一員となった。組合員になって数か月ほどで、高校の先輩である支部役員に声をかけられ、一九歳で支部の職場委員に選任された。そして、二〇歳で青年委員長となったが、部下の青年委員は全員が年上であった。

千葉は、一九八二年に本部の執行委員となり、二年後にいったん役員を降りてから、再び一九八六年に本部入りした。このときは、情報通信労連の役員を四年間務め、一九九二年からは国際電電労組の書記長に選任された。一九九六年に委員長に就任し、前述したテレウェイとの合併や三社合併を経験することになる。

なお、国際電電労組には「技術系」と「業務系」という区分があった。もちろん、本来は会社の区分である。たとえば、製造企業の場合、日本製鉄やトヨタを想起すれば、鉄や自動車をつくる労働者と、それらを販売したり、材料や部品を購入するといった労働者がいる。しかし、日本で圧倒的多数を占めているのは職業別の労働組合ではなく企業別組合だから、一つの労組に複数職種の労働者集団と職場集団が混在することになる。

国際電電のような通信企業では、国際電信や国際電話のオペレーションにかかわる労働者集団を「業務系」と呼び、それらを支える施設や機械にかかわる仕事に従事している集団を「技術系」と呼んできた。

発足以来、国際電電は両系別の定期採用制度を運用してきた。技術系が技術科（大卒・高卒男性）や施設科（高卒男性）なのに対して、業務系は業務科（大卒男性）、通信科（高卒男女）、交換科（当初は大卒女性のみ。のちに大卒・高専・高卒の男女）と、採用経路が違う。国際電電労組も、事務系の組合員が多数派であった。

国際電電労組では、一九八〇年代からこの二系（「業《ぎょう》技《ぎ》」と呼ばれる）から交互に委員長が選任されてきた。たとえば、先に紹介した横山昇は業務系、千葉仁平《にへい》は技術系である。これは偶然ではなく、一種の企業別組合の法則といえる。

一般論でいうと、双方の労働者の利益を代表するための手段である。一方の労働者集団が委員長をはじめとして役員幹部の要職を押さえてしまうと、利害の調整がで

国際電電創業時の国際電話交換室（『KDD社史』68ページより）

衛星通信のシンボルである国際電電のパラボラアンテナ（『KDD社史』161ページより）

きなくなる。会社側は一枚岩だから、そもそもうまく交渉ができない。また、利害構造が壊れると、労組が分裂したり、組合員が脱退することにもなりかねない。

とはいえ、労組の交渉力を高める一方で、時には両者に葛藤や対立が生じていたと思われる。部外者の筆者には詳しく分からないが……。だが、ＫＤＤＩが誕生したことで業務が大きな広がりを見せ、これらのことは旧国際電電内部の区分でしかなくなり、徐々に意味を失うようになっていった。

最後の仕事

会社が合併するというのは、労組の改変を迫ることでもある。三社の合併では、ＤＤＩとＩＤＯには労組がなかったため、ＫＤＤ労組には労組合同という選択肢はなかった。そのため、いかに三社合併後のＫＤＤＩ労組としてスタートさせるかについて協議を重ねていた。

千葉仁平《にへい》は、国際電電労組がやって来たように、会社側とユニオンショップ協定[11]を結び、労働者全員を組合員とするＫＤＤＩ労組につくり替えるというシナリオを描いていた。ＫＤＤ労組に幕を引くとはいえ、新たな労組として生まれ変わるための最後の大仕事となる。

これまでどおり、労使で良好な関係をつくって会社運営を充実させ、雇用についても維持拡大していく。それでこそＫＤＤ労組の活動を継承し、先人たちの苦労を活かすことになる。ユニオンショップ協定のもとで入社し、労組がない職場など想像もつかない労働者や労組のリーダーからすれば、これが当然の感覚であった。

「そうは簡単にはいかないはず」という意見が労組内にあったが、千葉は自信をもっていた。なぜなら、三社合併の二年前に労組のなかったテレウェイと国際電電が合併してＫＤＤとなった際、ユニオンショップ協定の申し入れと締結、その後の円滑な加入活動をすでに経験していたからである。

このＫＤＤ労組の最後の期、すなわち一九九八年から二〇〇〇年に本部労組の役員を務めたのは、千葉仁平、副委員長の金澤

(11)　労働者は、企業の従業員と労組の組合員という立場がありうる。双方の対応関係を「ショップ制」と呼び、労使が協定を結んで一致させる場合、つまり採用された従業員が自動的に組合員となるときは「ユニオンショップ」となる。

KDD 労組委員長時代の千葉仁平。1997年、カナダで開催されたPTTI世界大会で堂々とスピーチした（提供：千葉仁平氏）

俊治、書記長の松江小洋《こひろ》のほか、上村正紀《かみむらまさあき》、杉山豊治《とよじ》、小澤介士《かたし》、五十嵐晋たちであり、五十嵐は情報労連の役員として送りだされていた。

上村は一九六一年生まれ、神奈川県川崎市の出身である。一九八〇年に、神奈川県立川崎工業高校を卒業してから入社している。就職活動に苦労したが、「ＫＤＤ事件」の余波で、採用試験が通常の一〇月ではなく、年明けに先送りされた機会をものにした。

ＫＤＤＩエンジニアリングの本社が入っている「新宿文化クイントビル」の喫茶店で、上村はこう語りはじめた。労組のＯＢ・ＯＧは、子会社であるＫＤＤＩエンジニアリングに出向している場合がある。たとえば、上村や松江がそうだ。ＫＤＤＩ新宿ビルとは甲州街道を挟んだ反対側にあり、文化服装学院の隣にあるこのビルにも筆者はよく通うことになった。

上村正紀（右）1995年アメリカ通信事情視察の際にホワイトハウス前にて。左は横山昇国際電電労組委員長、中央は横川隆弘同副委員長（提供：上村正紀氏）

松江小洋（左）。2011年撮影
（提供：KDDI 労組）

上村は大手町の施設局電力課に配属され、電力関係の仕事からはじめ、新宿における通信の仕事へ移った。東日本回線統制支部では教育宣伝、賃金政策などを担当し、書記長になっている。そして、一九九四年から本部役員となった。

一方、杉山豊治は一九六三年生まれ、出身地は愛知県豊橋市である。一九八二年、愛知県立豊橋工業高校を卒業して国際電電に入社した。新宿ビルに配属され、輪番で二四時間体制の電子交換機の保守を行ったり、のちにはソフトウエアの自社開発に従事した。

労組役員としての経験は、二三歳で東京施設支部（現・東日本支部）の歴代最年少執行委員になり、以後、同支部で組織部長と調査研究部長などを経て、歴代最年少の書記長になっている。本部役員には、一九九八年に就任した。

上村と杉山が所属していた支部はのちに統合することになるが、それ以前なので、上村が新宿ビルに来たからといって特段の交流はなかった。だが、労組本部で一緒になると、ともに技術系であったためすぐに意気投合し、互いに認めあう盟友となった。

杉山豊治（右）と後藤一宏。2011年撮影
（提供：KDDI 労組）

そして、小澤介士《かたし》は一九六五年生まれ、兵庫県宝塚市の出身である。一九八八年に甲南大学経営学部を卒業後、テレウェイに入社して大阪支店で営業を担当していた。その後、東京にあった本社の営業企画に移り、国際電電との合併前には東京支店の営業に戻っていた。

一九九八年に両社が合併して組合員になると、支部経験が乏しいまま、旧テレウェイ労働者代表のような形で本部役員に選出され、未経験であった労組に身を投じはじめた。本部では、組織部で教育宣伝を担当したが、このとき、ＫＤＤＩ労組の第二代委員長になるとは想像もしていなかった。

小澤介士。2011年撮影（提供：KDDI労組）

なお、千葉は工学院大学、上村《かみむら》は東京電機大学が最終学歴というように、国際電電労組の役員には、入社後に大学へ進学し、夜学に通いながら勤務を続けて卒業するという例が多い。もちろん、会社が推奨しているわけではなく、勤務後の重い脚を引きずり、大学へ通うことを自らが希望したのだ。

仕事だけでなく、勉強熱心なのは、古くは佐賀健二（四ページ参照）にも通じる国際電電労組の特徴であり、結果論だが、優秀な大卒人材を高卒の段階で採用してきたことになる国際電電の特徴でもある。杉山のように、高卒でナショナルセンター連合本部の役員に抜擢されたという例があることもその傍証《ぼうしょう》となろう。

ユニオンショップを求めて

千葉仁平《にへい》は、ユニオンショップ対策の下準備に入った。二〇〇〇年四月に三社が合併契約書に調印すると、ＫＤＤ社長に対して、雇用の維持継続、合併期日前日の労働協約の継承について申し入れを行い、合意を得た。また、労働者が全員加入する労組づくりの決意を伝えるとともに、労組の中央本部内に合併対策委員会を設置した。

この時期について調べているときのことだが、三社合併の契約調印について報じているＫＤＤ労組の機関紙〈KDD W.U.〉（四月一〇日発行）を読んでいると面白い記事を見つけた。ＫＤＤ、ＤＤＩ、ＮＴＴドコモなど、一〇チームがリーグ戦を行う関西通信事業者野球チームの対戦結果である。ＫＤＤ大阪野球部はテレウェイ時代からのチームのようだが、ＤＤＩと対戦して「6対6」で引き分けている。以前から熱戦を繰り広げてきたＤＤＩとの試合では、「お客さんを返せ！」といったヤジが飛び交ったという。三社合併へ進む直前の一コマである。

さて、ＫＤＤ労組の動きに戻ろう。労組は、まずＫＤＤの経営陣からユニオンショップへの賛意を得たのち、会社の合併委員会において、ＤＤＩ、ＩＤＯに労組の意向を伝えてもらった。その後、ＤＤＩとＩＤＯの経営者に直接面会を求めてそれまでの労組の活動を説明し、これからのＫＤＤＩ労組のあり方について考えを述べた。

その過程で千葉は、たしかに一筋縄ではいかない、と気づいた。しかも、千葉が直感した危惧は、徐々に現実味を帯びてきたのである。

それでも会社側へのアプローチを重視した千葉は、何度もＤＤＩとＩＤＯの本社へ出向いて説明を試みた。まだ合併前であり、団交交渉というわけにもいかないから「非公式に労組の意向を伝えるだけ」と言ってアポを取り、一人で動いていた。

だが、ＤＤＩでは、何度説明してもユニオンショップの確約は得られなかった。だからといって拒絶されるわけではなかったが、反応はすこぶる鈍かった。一方のＩＤＯの出方もはっきりしない。どうやら、ＤＤＩの出方次第、ということのようであった。

不安材料もある。一つは、テレウェイとの合併では国際電電が存続会社だったが、三社合併ではＤＤＩが存続会社に決まっていたことだ。そのＤＤＩは、稲盛和夫が「稲盛イズム」満々に創業し、育ててきた意気盛んな会社である。マスコミ各社が三社合併の構図を、「公家のＫＤＤ、野武士のＤＤＩ、官僚のＩＤＯの合併である」と囃し立てたものである。その稲盛会長のもとで、社長である奥山雄材《ゆうさい》が労組をどのように判断するのか。

実は、国際電電とＤＤＩは、三年前の一九九七年に一度「合併話」がもちあがっていたが物別れに終わっている。後年、ＫＤＤＩ社長となった小野寺正が包み隠さず語っているように、稲盛らＤＤＩの経営陣には、高飛車な言動で非常識な要求を続ける国際電電経営陣の、「自分たちのほうが格上である」と言わんばかりの言動に対する疑心や嫌悪が生じていた（「私の履歴書」日本経済新聞、二〇二〇年一〇月二三日付参照）。

それを知っていた千葉は、それでも稲盛の本拠である京セラに労組があるという事実を理由に気持ちを落ち着かせてきた。だが、ＤＤＩの奥山社長との何度目かの面会後、エレベーターホールに見送りに来たＤＤＩの役員が「どうも、少し難しいようですよ」と耳打ちをした。ユニオンショップ抵抗勢力の姿を感じてしまった千葉は、奈落の底に落ちたような気がした。

この間も、ＫＤＤ労組はユニオンショップ協定の締結を死活問題と位置づけて走っ

渋沢和樹『挑戦者』の表紙。稲盛や奥山らの動きを追ったこの書はKDDI社内で広く読まれた

ていた。二〇〇〇年七月に開かれた最後の全国大会[12]では、三社合併以降、速やかに合併後の全国大会を実施し、労組名称を「ＫＤＤＩ労組」（仮称）とすることが議案書に記されている。また、ユニオンショップの場合とオープンショップ[13]の場合の労組運営についても併記されているが、ユニオンショップ制を確定するために、引き続き取り組みを強化する旨が明記されていた。

　この大会で千葉は、「三社合併契約書の調印までにユニオンショップを実現できなかったが、ユニオンショップにノーとは言わせていない。あくまでもユニオンショップ制の実現に向けた経営判断を強く求める」と述べている。

　千葉らＫＤＤ労組からすれば、いや企業別組合の常識からすれば、一部とはいえ労組があるのに全員が加入しない労組に封じ込められるというのは理解できない。たしかに、国際電電労組の時代にはストライキも打ってきた。支部活動が旺盛で、会社側が手を焼いた時期もあった。だが、通信産業に必須の産業政策や技術革新による合理化に労使一体で取り組んできたという自負があった。対等な立場による信頼関係という背景があったた

KDD 労組、最後の全国大会（提供：KDDI 労組）

め、近年の労使関係は盤石な状態であった。それゆえ千葉は、ユニオンショップ協定が実現する道を水面下で探りはじめた。

支部のいら立ち

労組本部が宣言したユニオンショップの実現に対して、ＤＤＩとＩＤＯの労働者たちとの統合準備を重ねる支部の立場からは、その実現性を疑問視する声が上がっていたのは事実である。たとえば、本社支部（現・本社中央支部）の幹部役員であった須永郁夫は、冷静に考えると三社合併後はユニオンショップになるはずがない、と予想していた。

一九七一年生まれの須永は群馬県の出身である。高等専門学校を卒業した一九九二年に国際電電に入社し、上京した。国際通信回線の設定や運用に従事する技術系で、労組では職場委員を経たのち、国際電電がテレウェイと合併してＫＤＤとなった一九九八年に執行委員となった。

---

(12)　労組の最高決議機関であり、通常、夏から秋に開催され、「定期大会」とも呼ばれている。各期の切り替えにあたり、以後一年間の活動方針や年間計画を決定し、予算を承認する。また、役員選挙や重要案件の決定も行う。

(13)　ユニオンショップ協定が結ばれていない場合、従業員は労組の組合員になるのは任意であるためオープンショップとなる。労組に未加入であったり、複数の労組がある場合に選択加入する状態。

破天荒な性格で知られていた須永は、ユニークな持論をもって、多様な背景から広がりのある職種やキャリアの組合員が集まる本社支部を引っ張っていた。支部を掌握していた須永は、支部長と書記長を混ぜあわせたような事務総長の異名を誇っていた。

須永は、三社のうち二社に労組がなく、労組のあるＫＤＤは存続会社ではなく、いわば吸収される側であるから、どう考えてもオープンショップになる見通しのほうが現実的であると考えていた。また、ＤＤＩの情報を集めるうちに、稲盛和夫が労組がらみで苦労した経験があるということを知った。それだけに、オープンショップに備えるべきではないかといういら立ちがあった。

支部は本部の活動を厳しい目でチェックするという役割分担からすれば、須永は忠実な支部の幹部役員であった。それだけに、ユニオンショップに固執する本部の姿勢にやりきれなさを感じていた。それでも、合併後の労働者統合に向けて、本部に対して最大限の努力を払うと確約していた。

しかし、その後もユニオンショップ実現にかかわる会社の状況や経過などは芳しいものではなく、ユニオンショップの道筋がつくかどうかさえも不明であった。合併予定の二〇〇〇年一〇月が迫り、ユニオンショップとオープンショップの両方を想定せざるを得ない状況になると、須永のオープンショップの可能性が高いという予想が確信に変わりはじめ、徐々にあきらめムードが各支部に広がりはじめた。

抵抗勢力

情勢を分析した結果、「オープンショップもやむなし」という姿勢は筋が通るところがあるため、否定されるものではないだろう。だが、オープンショップという選択肢を抹消していた千葉仁平《にへい》にとっては「抵抗勢力」と映ってしまう。しかも、もっと身近なところから、つまり本部のなかに抵抗勢力が現れたのだ。千葉と意見を交わしてきた書記長の松江小洋《こひろ》が、情勢を勘案して独自の異論をぶつけてきた。

「会社側がユニオンショップに懐疑的で、すんなりと協定に至らない状況で強引に進めば、労組との関係が一気に悪化してしまう。労組幹部だけでなく、組合員たちにも悪影響が出ないともかぎらない」と言いだしたのである。

松江は一九五五年生まれ、島根県益田市の出身である。島根県立益田工業高校を卒業して、一九七四年に国際電電に入社した。配属後は、主に東京で国際電報の仕事に就き、大手町や新宿で勤務したという業務系である。

労組活動では東京電信支部に所属し、教育宣伝、賃金政策などを担当し、支部書記長を務めた。一九九二年に労組本部役員に選任され、横山委員長のもとで本部の賃金担当になり、一九九六年に書記長となった。だが千葉は、「オープンショップもやむなし」という松江の意見を「論外だ」と言って受け付けなかった。千葉からすれば、松江の考え方は会社に寄りすぎており、組合員を売ることになりかねない。一方、松江からすれば、千葉のほうこそ組合員を路頭に迷わせる非現実的なリーダーのように映った。

現実的でなくても構わない。理屈ではない。一つの会社に組合員と非組合員をつくっては労働者のためにならない――多少強引でも突破できる方策を千葉は考え抜いていた。

対決選挙

委員長と書記長の話し合いでは決着しないと判断した松江は、突如、委員長選挙に立候補した。自らが考える現実主義を貫こうとしたのである。だが、労組内における松江を見る目は、何を突っ張っているのか、という冷ややかなものであった。

委員長選挙で対立候補が立つのは、国際電電労組時代を含めても数えるほどしかない。常に「業務系」と「技術系」、あるいは「東日本」と「西日本」で内紛が起きているときであった。そんななか、千葉の対応を見て松江が玉砕覚悟で挑んだ格好となった。

三役の立候補者のうち、選挙公報でユニオンショップ制の必要性や実現の決意を表明していないのは松江だけであった。どう考えても、労組の立場からすればユニオンショップを要求するのが筋だから、それに弓を弾くような松江に勝ち目はない。いや、なかったはずであった。

二〇〇〇年七月、ＫＤＤ労組は最後の全国大会を迎えた。大会の冒頭、委員長挨拶において千葉は堂々と断言した。

「私たちは、あくまでもユニオンショップ制の実現に向け、一〇月の合併までの速やかな経営判断を強く求めて、信念と情熱をもってさらに取り組みを強化することにします」

予定された議事が終わり、役員改選を迎えた会場では、千葉委員長が当初の任期を超えるという情勢になったが、異常事態だから仕方がない、という雰囲気に包まれていた。それを肌で感じていた千葉は、自らの決心を新たにしていた。

ところが、役員改選投票に移り、委員長選挙の結果発表に入ってすぐ、「千葉仁平《にへい》君」と聞こえた瞬間、「えっ⁉」とい

(1) 2000年6月26日　KDDW.U.

選挙公報

◇掲載順序は受付順としました。
◇文章は原文のままとしました。
2000年6月23日
全国区選挙管理委員会

KDD Worker's Union

中央本部役員立候補あいさつ

〈中央執行委員長候補〉千葉仁平　現中央執行委員長

〈中央執行委員長候補〉松江小洋　現書記長

〈副中央執行委員長候補〉金澤俊治　現副中央執行委員長

〈書記長候補〉上村正紀　現中央執行委員

委員長を争うこととなった千葉VS松江の選挙公報（提供：KDDI労組）

う声があちこちから上がった。複数の候補者がいる場合、得票数の少ない、つまり敗者から読みあげる習わしになっていたからである。次に松江の名前と票数が読みあげられ、「委員長は松江小洋《こひろ》君に……」と聞こえたところで、「もう一度、きちんと数え直せ！」という大声が飛んだ。二人の得票数は一票差であった。

合併まで責任をもつ、と宣言していた千葉は茫然としていた。会場は静まり、冷めたような雰囲気に一変してしまった。その様子は、歴史ある国際電電労組・KDD労組の最後を迎えるという厳かな雰囲気とは違う。これから直面する労組の苦難を想像するかのような、不穏な空気の流れであった。

対立候補が出てきたのも普通ではないし、現職が負けるというのも普通ではなかった。終わってみれば、単なる「業務系」と「技術系」の力学を超えた、釈然としない何かモヤモヤとしたものが残った。この勝敗をめぐっては、役員や組合員の間で憶測が飛び交い、現在においても「KDDI労組の謎」の一つとされている。

KDD労組の後を託されてKDDI労組の初代委員長の冠をいただくことになった松江は、最初はキョトンとしていたが、現実をかみしめ、身体中にエネルギーがみなぎりはじめているのを感じていた。

ユニオンショップならず

この全国大会直前まで千葉は動き回っていたが、ＤＤＩからは、「ユニオンショップ協定に異論はないが、まだ不確定要素が多い」と、明確な回答は保留のままとされていた。その気なら、「ユニオンショップで一緒にやりましょう」という回答があるはずだが、「難しい」と言うのなら回答はノーであろう。そのため、千葉は窮地に立たされていた。

千葉は打開策に打って出ることを決意して、ひそかに準備を進めていたが、大会において予想外ともいえる委員長交代があり、退任することとなったと同時にユニオンショップを求める活動は減退した。打開策を講じる前に時間切れとなり、ユニオンショップ協定の締結は選択されなかった。

ユニオンショップならず――ＫＤＤ労組で千葉の側近であった古参の役員たちは、選挙結果に憤慨したり、うつむいたりしながら、これからはじまる労組の行く末を案じはじめた。ユニオンショップにならないということは、オープンショップへの切り替えを意味するからである。未知の世界へ行け、と放りだされたような気持ちになるのは当然であろう。

大会が閉幕したあとに居残った本部や支部の役員たちのなかには、楽観視する者も一部にはいたが、大勢は悲観的であった。それが昂じて、「もう労組は死に体だ」と、KDDI労組の消滅論を口にする者までがいた。

「労組がなくなる?」――国際電電労組・KDD労組の活動を経験してきて、労使関係に確かな自負をもっていた多くの人間が揺れはじめ、想像したくもない現状に付きあわされた。

目撃者たち

労組の全国大会や中央委員会(14)には、情報労連、電通共済生協(15)、国際組織の幹部や組織内議員などの来賓者が招かれている。KDD労組の末期やKDDI労組の初期における常連者の一人が情報労連書記長の森嶋正治《しょうじ》で、開会後、冒頭の委員長挨拶に続いて壇上に立つことが多かった。

一九四八年に生まれた森嶋は茨城県の出身である。一九六七年、地元の高校を卒業して電電公社に入社して上京し、中央電報局に配属された。労組では部会の役員からはじめ、民営化後の一九八八年に専従役員となった。その後、情報労連中央執行委員、全電通中央本部執行委員を経て、二〇〇〇年に情報労連書記長、二〇〇四年からはNTT労組委員長と情報労連委員長になった。

まさに森嶋の情報労連役員期間は激動のKDDI労組の初期と重なるが、情報労連も転換期を迎えていた。ちょうど組織現勢の低下が続いたところで、情報労連が「オリジナル3」と呼ぶN

TT労組、KDDI労組、通建連合(16)という三者主体の活動からの脱却が求められていた。また、料金をはじめとして大競争時代に突入しており、企業間の競争が労組間に投影しかねない情勢となっていた。

森嶋が就任している間に情報労連は静かに大きく変化したから、森嶋を「改革者」と評する関係者が多い。だが森嶋は、「小さなカーブを切っただけだ」と謙遜する。

---

(14)　全国大会に次ぐ労組の決議機関で、一年に一回となっている全国大会の臨時開催が難しいため、定期あるいは臨時に開催し、全国大会決定事項に抵触しない範囲で活動方針や重要案件などを決定している。

(15)　正式には「電気通信産業労働者共済生活協同組合」。組合員自らが自身や家族の生活を守るための共済事業を行い、組合員同士の団結を強化する目的で一九六七年に発足した。二〇二一年時点で約三六万人が加入している。

(16)　正式には「情報通信設備建設労働組合連合会」。電通共闘発足時より通信建設労組が加盟していたが、以後労組の結成が相次いで多数が結集し、一九七九年に全国通信建設労働組合（全国通建）を結成した。二〇一三年に現組織名称に変更した。

メーデーの情報労連。KDDI 労組旗も見える（提供：情報労連）

この森嶋、生まれたばかりのKDDI労組をどのように見ていたのだろうか。KDDI労組の印象は、横川弘隆、金澤俊治、五十嵐晋、杉山豊治《とよじ》らKDDI出身の役員たちとの交流と重なるから俄然評価が高い。情報労連のなかでは多勢に無勢力のような恰好になるKDDI労組出身の役員には、優秀な人材が送り込まれる場合が多いという。

しかも、森嶋の胸中では、KDDI労組は特別な存在であった。森嶋が情報労連に来る前の全電通は、「電電公社に相応しい賃金を」というスローガンで活動していた。その相応しい賃金とは、当時は平均でNTTを大きく上回っていた国際電電の賃金であり、マークすべき労組であった。

KDDI労組が結成されたあと、二〇〇〇年一一月に「第一回全国大会」が開催され、森嶋も参加したが挨拶することはなかった。森嶋が挨拶に立ったのは、二〇〇一年二月に開催された「第一回中央委員会」である。早速、森嶋は、「目先の賃上げだけでなく、これからのKDDI労組をどうするかの論議こそが重要である、組合員の戦列を整えるために、是非とも一人でも多くの組織拡大をして欲しい」と激励した。

以後、毎年のように全国大会と中央委員会に招かれた森嶋は、「巨大な、まるで天動説を地で行くようなNTT労組とは雰囲気が違っていて、そもそも委員長を争う選挙一つをとっても、民間労組のひたむきさや意地を見た思いがした」と回想している。また、議案に対しても、「突っ込んだ議論をしていて、頼もしく、うらやましかった」と言っている。

後述するが、一九一一年にフランスで郵便・電気通信分野の労働者で結成された「国際郵便電信電話労連（Postal, telegraph, and telephone international：ＰＴＴＩ）」という組織がある。日本の労組では、全逓[17]（全逓信労働組合）、全電通、国際電電労組、電通労連が加盟していた。一九九七年に「国際コミュニケーション労連（ＣＩ）」に改称したのち、二〇〇〇年に複数の国際産業別組織と合同して「国際複合産別組織ＵＮＩ《ユニ》（ユニオン・ネットワーク・インターナショナル）」が結成された。その地域別業種部会が「UNIApro（ユニ・アプロ）」と呼ばれている。

その東京事務所長であった伊藤栄一も来賓者の常連であり、森嶋と同じく挨拶に立つことが多かった。伊藤は、「千葉vs松江」の選挙があったＫＤＤ労組最後の定期大会にも招聘されて挨拶をしている。

伊藤は一九四九生まれ、東京都の出身である。獨協高校を卒業してメーカーに勤めたのち、一九七一年に郵便局へ転職した。全逓に加入し、支部役員を続けていたが、一九八一年に東京でＰＴＴＩ大会が開催された際、得意のドイツ語で脚光を浴びた。一九九一年に全逓本部の専従役員となり、国際部長として活躍していたが、一九九八年に一念発起し、退職を決意してＰＴＴＩへ転じた。

---

(17)　一九四六年に逓信省の職員で結成された全逓信従業員組合が、一九四九年の逓信省の廃止によって全電通が分離結成され、全逓となった。一九六五年に結成された全郵政（全日本郵政労働組合）と対立していた。

前述したように、ＰＴＴＩは組織拡大してＣＩとなり、さらにほかの国際組織と大同団結してＵＮＩへと変遷したが、それらの東京事務所長を伊藤が務めてきた。

国際電電労組・ＫＤＤ労組は、全逓、全電通、情報労連とともにＰＴＴＩ日本加盟組合協議会の一員であるわけだから組織的な関係が維持されていたのは当然だが、その協議会の事務局長を務める千葉仁平《にへい》と東京事務所長の伊藤栄一は、日本にある二つの「ＰＴＴＩポスト」を分けあう仲であった。

来賓として挨拶する伊藤の話は、総じて自らの体験に基づく地に足のついた内容からはじまり、全世界の情報産業を視野に入れたグローバルな情勢報告へ飛ぶという豪快さがあった。郵便局時代、オープンショップのために職場や労組でいかに苦労したかを語りながら、「ぜひ、ユニオンショップで行け」とハッパをかけた。また、会社が賃金を支払う際に組合費を天引きして、労組へ一括してわたす仕組みであるチェックオフについても「絶対に守れ！」と念を押した。

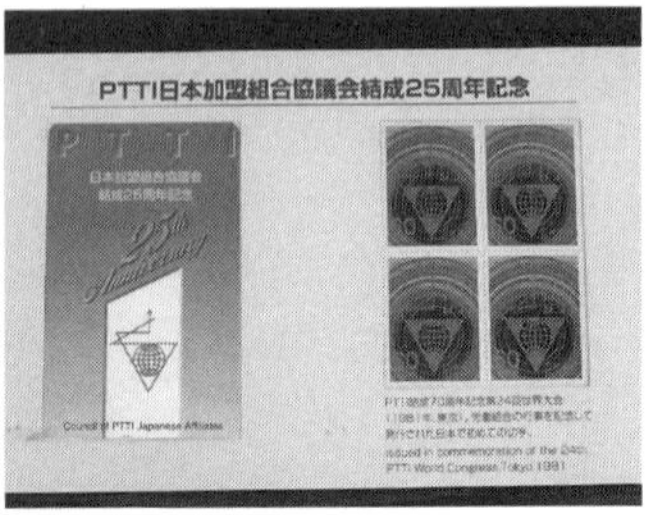

PTTI時代、1981年に結成70周年大会を東京で開催した時の記念切手。労組行事の記念切手は日本初（提供：松下正治氏）

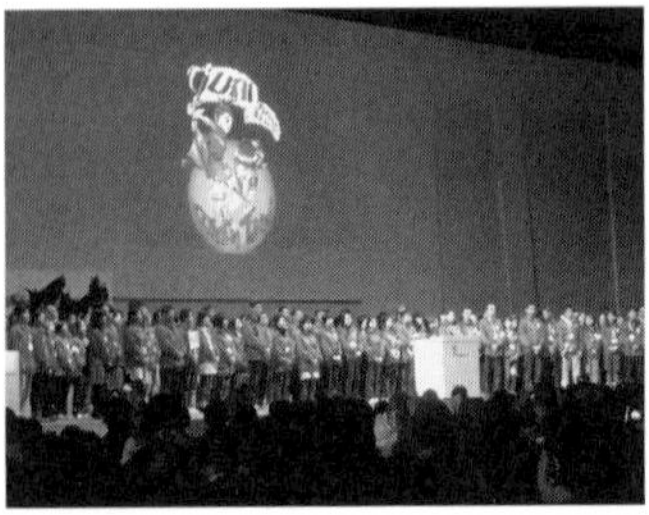

UNI が2010年に日本（長崎）で開催した世界大会（提供：KDDI 労組）

だが、千葉が委員長に再選されず、その後ユニオンショップ協定を失ったことを知って凍りつくような気持ちになり、オープンショップのノウハウがないKDDI労組と労働者たちの将来を案じた。情報労連にとっても、UNIにとっても、KDDI労組の存在感は大きい。ユニオンショップ協定を失ったことは、当時の目撃者たちを大きく揺り動かすことになった。

本書の構成

いよいよ、次章からKDDI労組の物語をはじめることにするが、四つの時期に分けて語っていきたい。

ユニオンショップからオープンショップへ転落した前史に続く第1章では、二〇〇〇年の三社合併直後から二〇一〇年までの一〇年間の軌跡を追っていきたい。この期間に就任した労組委員長は、松江小洋《こひろ》、小澤介士《かたし》、上口洋典《かみぐちひろのり》である。

第2章では、二〇一〇年以後の数年間のうち、次々と大転換を経験したKDDI労組にとって、密度の濃い時期に焦点を合わせて語っていく。委員長就任でいえば、渡邊拓也と後藤一宏の前半時期に当たる。

第3章は、ほかの時期に比べると「やや安定期」といえるところだが、それに安住せず、数々

2011	2012	2013	2014	2015	2016	2017	2018	2019	2020	2021	2022
		後藤一宏								春川徹	
・ユニオンショップ協定 ・仙台大会	・裁量労働制導入 ・被災地ボランティア活動 ・気仙沼大会	・契約社員の待遇改善 ・KDDIスポーツフェスティバル ・気仙沼大会	・勤務間インターバル制度導入 ・ベースアップ ・気仙沼大会	・熊本地震 ・ベースアップ ・仙台大会	・海外勤務者制度整備、海外職場会 ・ベースアップ ・熊本大会	・「こむすびくん」KDDI労組公式キャラクター ・ベースアップ ・気仙沼大会	・縁結びイベント ・ベースアップ ・気仙沼大会	・ベースアップ ・KMO支部結成 ・WEB中央委員会 ・気仙沼大会	・新人事制度導入 ・KDDI労組結成20周年 ・WEB大会	・WEB大会	

KDDI 労働組合の概要

▶**組合員数**　12,289 人（2021年11月）

▶**組織対象**　7 社

KDDI 株式会社

KDDI エンジニアリング株式会社

KDDI まとめてオフィス 各社（5社：中央・東日本・中部・関西・西日本）

▶**ユニオンショップ協定**

（KDDI：2012年 1 月 1 日、KDDI エンジ：2013年 4 月 1 日、KDDI まとめてオフィス：2013年 8 月 1 日）

表1　KDDI 労組年表

年度（7月〜6月）	1997	1998	1999	2000	2001	2002	2003	2004	2005	2006	2007	2008	2009	2010
組織名	国際電電労組（〜'98/12）													
		KDD労組（〜'00/11）												
				KDDI 労組（'00/11〜）										
委員長				松江小洋					小澤介士		上口洋典			渡邊拓也
主な出来事		・ユニオンショップ協定 ・国際電電とテレウェイの合併	・3社（ＫＤＤ、ＤＤＩ、ＩＤＯ）合併対策 ・ＫＤＤ事業計画、賃金・人事制度への対応	・オープンショップ ・3社合併	・au合併 ・賃金・人事制度の統合	・目標管理制度の運用実態アンケート ・退職金・退職年金制度の統合	・組合費キャンペーン ・ＫＤＤＩ株式の購入	・ＫＤＤＩテクノ設立 ・ＫＤＤＩ労働組合ビジョン	・パワードコムユニオンとの合同 ・パワードコム／ツーカー合併	・健康フェスタ ・ＫＤＤＩ株式の購入時価格相当分の売却 ・メンタルヘルス対策	・ＫＤＤＩ労組初のベースアップ ・岐阜大会	・女性委員会、女性職場会 ・情報セキュリティ対策の徹底	・ＫＤＤＩ、ＫＤＤＩテクノ人事制度改定 ・ＫＤＤＩ、ＫＤＤＩテクノ定年退職制度改定	・東日本大震災 ・ＫＤＤＩ労組結成10周年 ・ＫＤＤＩテクノ支部結成 ・長崎大会、ＵＮＩ長崎世界大会

【体制図】

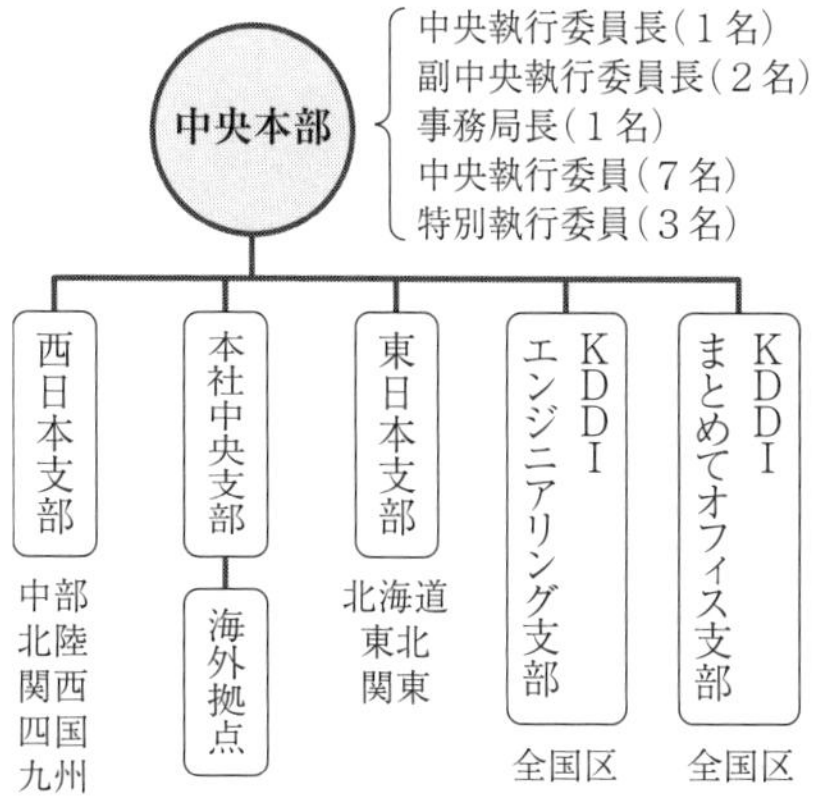

【組合員構成】

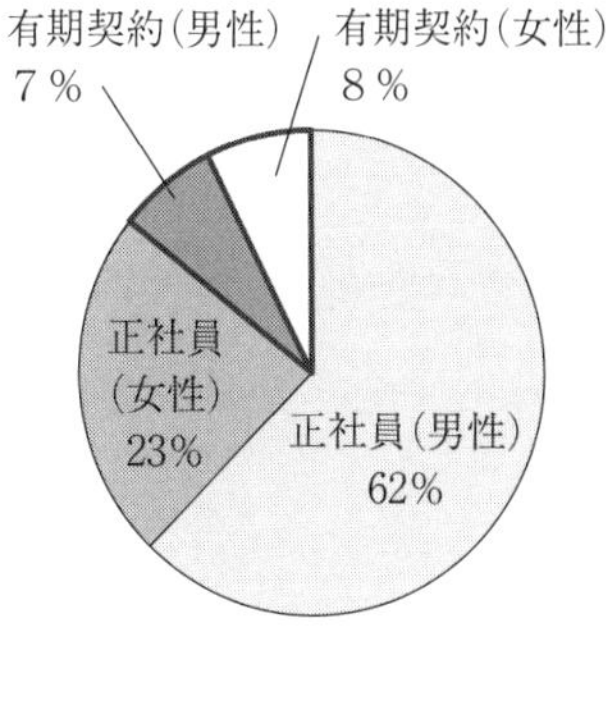

の新しい挑戦に足を踏みだして、今日に至る期間を描いていく。後藤委員長のもとでの後半時期となる。

そして、エピローグでは、関係者それぞれの思いを伝えながら、二〇年の歴史の先にある「未来へ向けた視点」で、それを託された新委員長の春川徹が率いる現在のＫＤＤＩ労組の姿を描くことにする。

読者のみなさんに時間の流れをより感じていただくため、あらかじめＫＤＤＩ労組の主要な出来事を前ページに掲載した**表1**にまとめておいたので、次章を読み進める前にご高覧いただきたい。

新旧労組の腕章（提供：KDDI 労組）

第1章

KDDI労組の誕生――組織拡大との格闘

合併直後の風景

二〇〇〇年一一月三〇日、記念すべき第一回全国大会が開催され、名実ともにKDDI労組は船出を果たした。オープンショップとなったため、大会代議員の選任に手間取って遅れていたが、ようやく開催に漕ぎつけたわけである。

改めて正式に承認を受けた松江小洋《こひろ》委員長の挨拶からはじまり、この全国大会から、国際電電労組・KDD労組時代に使っていた「書記長」という呼称を改めて「事務局長」(1)となった上村正紀《かみむらまさあき》の経過報告に移り、ユニオンショップからオープンショップへの移行、KDD労組の労働協約の継承、および順守の確認、団交による労働条件の確立、労組の組織と運営などの経緯が詳細に報告され、ＫＤＤＩ労組となって初めての討議がいよいよスタートした。

無事に、運動方針や規約規定の改正などに関する投票を終え、スローガンの確認に至るまで、予定されたとおりの議事を終了した新生ＫＤＤＩ労組は、大西充《みつる》副委員長の閉会宣言で幕を閉じた。

一方、三社合併で職場はどうなったのだろうか。ＫＤＤＩ労組のスタートを語るために、押さえておかなければならない原風景である。総じていえば、通信施設や設備関係のいわゆる技術系の職場はＫＤＤを引き継ぐことになったためそれほど変わらず、それ以外の移動体通信、営業、スタッフなど、いわゆる業務系の職場は三社の労働者が合流したことで激変した。

当然のことだが、三社それぞれの職場を起点にして

KDDI 労組第１回定期大会の議事録（表紙）

３社合併で KDDI が誕生。2000年４月に経団連会館で開かれた合併記者会見（『KDD社史』548ページより）

労働者たちの職務や職場が統合されはじめ、徐々に交流や融合が進んでいったわけだが、三社の壁は思うほど簡単には壊せなかった。まず、KDDの労働者が早期退職制度の波をかぶった。

筆者は、千葉仁平《にへい》の前に国際電電労組の委員長を務めた横山昇（九ページ参照）に、東京都足立区の竹ノ塚にあるファミレスで会った。ここは横山の地元となる。

横山は、退任して東京電信の仕事に戻ったのち、静岡の営業所に単身赴任していたときに三社合併を迎えた。合併前から業界の競争圧力が高まっていたことは感じていた。だが、三社合併になるとそれどころではなく、「会社自体がガラッと変わったよ」と東京からの便りで知った。

横山は、同期入社や同僚などが次々と早期退職に応じていることを知った。慌てて連絡を取ったが、「退職金の上乗せが多い早期退職であるのが魅力だ」とか、「自分は『稲盛イ

合併直後の稲盛和夫の講話。稲盛イズムの伝導がはじまった（『KDDI 発足10周年社史』12ページより）

（1）労組の三役「委員長」、「副委員長」、「書記長」のうち、実務面を担当する書記局を統括する書記長という旧来の呼称を、事務局を統括する事務局長と呼称する労組がある。筆者の知るかぎり、事務局長が普及しつつある。

ズム』にはついていけないだろう」などの生々しい声を聞いた。「お前はどうする？」と逆に聞かれたりもしたが、横山は定年まで勤めている。

「勝手な自信過剰かもしれないが」と断ったうえで横山は、「労組の元委員長が辞めたら恰好がつかないし、『この会社は危ないぞ』と世間に思われるだろう」と言って豪快に笑った。

国際電電・KDD時代の顧客の多くは大企業であるが、KDDIになってからは個人営業になる。こちらからお断りするといった営業から、難題を突き付けられてものみ込んで、契約に進むという営業に変わった、と横山は回想している。

一方、横山委員長のもとで書記長や副委員長を務め、電通労連（現・情報労連）の役員という経験のある松下正治にも、千葉県佐倉市まで足を伸ばし、JR佐倉駅前のカフェで会ってじっくりと話を聞いている。筆者にとっては初めてとなる街ゆえ、日本遺産にも指定されている城下町の風情や国立歴史民俗博物館なども見学して楽しみたいところだが、あいにくとそれだけの時間はなかった。

松下は、五〇代に入ったところで三社合併となった。定年まで勤めたが、当時は子会社に出向中であった。やはり、仲間うちで五〇歳以上に対して提案された早期退職が話題になっていたという。また、いずれ五〇歳前にも提示されるといった情報もあった。辞めるべきか、残るべきなのか――会社がどうなるか分からないからと戦々恐々として、条件がよいうちに退職を決意した同期が多かった。

松下は、業務前に立ち寄った東京・飯田橋の事務所で、朝七時にほとんどの社員が仕事にとりかかっている様子を何度も目撃している。営業の目標数値に及ばない部下を徹底的に上司が叱責したり、稲盛が旧KDD役員をたしなめたりした、などという噂が次々に広がっていたことも疑心暗鬼にさせた。それは未経験のことで、「もっとしっかり働け」という大きな圧力を感じた、嵐のような時期だった、と回想している。

さらに、横山委員長時代と千葉委員長時代に本部役員になり、情報労連に出ていたときに合併を迎えた五十嵐晋とは、さいたま市のJR北浦和駅の前にある喫茶店で会った。五十嵐は会社の雰囲気をつかみかねていた。だが、次々に退職する仲間のことを聞くたびに不安を感じていた。

早期退職に応じるというのは、他社でもやっていけるだけの自信がある人だと見ていたからである。ということは、優秀な人材がどんどん流出していることになる。それは本当に会社のためになるのだろうか。およそ二年分の年収が上乗せされる条件を出されたとき、「辞めたほうが得」という人材と「辞めたら損」という人材に分かれる。合併時には付きもののスリム化であるが、予想以上にシビアな問題である。

五十嵐は、誕生したばかりのKDDI労組と会社側が年に一度開催する「意見交換懇親会」へ情報労連の役員として出席した際、小さな異変を見逃さなかった。国際電電労組・KDD労組の時代は、どのような会合であれ、会社側は労組側に対して敬語で話していたが、このときは、会社側が上司のような口のきき方になっていたのだ。五十嵐は、良い悪いではなく、労組のある企業の労使関係に不慣れなのだろうと直感し、会社合併の余波がさまざまな形で労働者に押し寄せてくることになると予感した。

ＫＤＤＩ労組が誕生したときに本部役員入りし、事務局長や副委員長を務めて初期の活動を支えた一人に大西充《みつる》がいる。

大西は一九六七年生まれで、山口県山口市の出身である。地元の高校を卒業後、一九八六年に国際電電に入社した。初任は京橋にある東京営業所に配属され、のちに総務の仕事などを経験している。三〇歳で支部役員となり、組織部長、労働環境部長などを歴任したのち、二〇〇〇年に本部役員に選任された。

大西は、三社合併時のロジックを冷静に読んでいた。一つは、のみ込まれる側の論理というべきもので、何かにつけて対等な意識になれず、上下や優劣が入った意識が職場や会社に生じてい

2000年6月26日　KDDW.U.　号外（2）

中央本部役員立候補あいさつ

〈中央執行委員候補〉大西　充　現本社支部書記長

〈中央執行委員候補〉向山　祐一　現中央執行委員

〈中央執行委員候補〉杉山　豊治　現中央執行委員

〈中央執行委員候補〉小澤　介士　現中央執行委員

2000年の役員選挙公報。右上が大西充（提供：KDDI労組）

ることを感じたり、それ自体を体験している。

もう一つは、労働者の性質が様変わりすることである。国際電電では、古くから縁故採用が中心で、入社したら定年まで勤務することを前提とした雰囲気や実態があった。要するに、中途退職者が少ないのだ。だが、合併した旧二社は中途採用者ばかりであった。しかも、中途採用者の多くが同業の出身ではなかった。こうした人材が一度に交錯すれば、何らかの対立や衝突が起きても不思議ではない。

こうした想定は大西の思ったとおりとなり、「合併時は各職場が混乱した」と語っている。労組の立場からすれば、単なる文化の違いなどという簡単なものではないと分析して、それを和げるという役割がある。だが、「労働者が最初から一体になれずに残念であった」とも語っている。

最初にＤＤＩ出身者としてＫＤＤＩ労組の本部役員に入った田原龍一郎は、合併後に社内電話を取ると「出身はどちら？」と確認されて、当初は不思議に思っていた。出身とは、故郷のことではなく出身会社のことであると分かった。場合によっては、話がぎくしゃくしたり、こじれたりするとＫＤＤからの敵対心を感じてしまい、複雑な気持ちになった。だから田原は、「これは合併ではなく転職だぞ」と自分に言い聞かせていた。

当初は交流もなく、飲み会も皆無であった。また、ＫＤＤといえば世界的な仕事をする大がかりな通信企業であり、一流企業であり、小さな民間企業とは違う。だから、東京大学をはじめとして一流大学の出身者しかいない、と勝手に誤解して身構えていた。だが、「そうでもないぞ」と気づくと肩の力が抜け、通信企業として目指すところは同じで、これからの移動体通信の発展に懸けてみようと思えるようになった。

オルグ！　オルグ！　オルグ！

ＫＤＤＩ労組が誕生してほどなく、委員長の松江小洋《こひろ》、副委員長の金澤俊治、事務局長の上村《かみむら》正紀《まさあき》は、三役揃って社長の奥山雄材に挨拶をするために面会を申し込んだ。その際、「今さらながら……」と言いながら、「ユニオンショップ協定のほうはいかがですか」とあえて話題にした。

「私は、わが社の社員全員を労組まで連れていって、有無も言わさず入れとは言わない。たとえば、水飲み場まで連れていって、飲むかどうかと尋ねるのは、会社ではなくみなさんのほうではないですか」

このように奥山が返した言葉に、金澤は改めて労組の非常事態を痛感し、身震いした。一方、上村は、奥山の話を聞きながら、そう簡単に会社側がユニオンショップ協定を破棄できるものなのか、と疑問を抱いた。

労使合意でユニオンショップ協定が締結されていたはずなのに、今回のケースは、労組が合意し、会社側が一方的に拒絶しているのだから、破棄したことになる。そこで、NTT労組に顧問弁護士を紹介してもらい、銀座にある法律事務所を訪問して相談することにした。

答えは、ユニオンショップ協定を破棄できるかできないかは明確ではないが、破棄される展開が多い、ということであった。また、「ユニオンショップ協定があっても第二組合が結成される場合もある」と聞いて愕然とした。だが、その直後からはじまった弁護士の説教にもっと驚いてしまった。

「君たちは、どうもユニオンショップにこだわっているようだが、極論すれば御用組合の言い分に聞こえるぞ。NTT労組を見ろ。オープンショップで九割以上が加入しているだろう。それが真の姿だ」

上村が労組事務所に帰り、ユニオンショップの破棄やオープンショップ王道論など相談した結果を話すと、「本当に破棄できるのか、組合員でなくなったら会社を辞めなきゃならないのではないか、うちとは違う話だ」と、役員たちは色めき立った。そして、この日から、KDDI労組は本部役員を集めて会議を重ねることになった。

「もう選択肢は残されていない。後がない。労組の滅亡を避けるためには、正面から組織拡大するしかない」

金澤がそう言い終わらないうちに、杉山豊治《とよじ》と上村正紀《かみむらまさあき》が「もちろんだ！」と返した。その横で、小澤介士《かたし》と大西充《みつる》が黙ったまま深くうなずいた。

対決選挙大会のあった二〇〇〇年七月の直後といえる二〇〇〇年九月六日、合併準備委員会では、ついにユニオンショップ協定を締結しないことが明確に示された。これを受けて九月二六日、KDDとの団交においてユニオンショップ制をとらないことが確認された。そして、一〇月一五日に開催したKDDIとの初団交では、組合員の範囲に関する協約の廃止が決まり、いよいよオープンショップ制へと切り替わることになった。

本部のオルグ部隊

オープンショップに切り替わり、猛然と組織拡大を開始したKDDI労組だが、二〇〇〇年一一月末の時点で、組合員数は三九六三人、組織率は約五七パーセントであった。三社合併前から取り組んだ結果、旧DDIと旧IDOの労働者で三〇〇人超が加入したものの、組織化対象の一割以下でしかなかった。

上村正紀は事務局長、杉山豊治は政策調査部長だが、さながら本部役員の全員が組織拡大の担当だから、多くの時間はオルグに出掛けていた。労組に加入していない労働者がいる職場だらけだから、しらみつぶし方式で回るしかない。

ある日、杉山が金沢へ向かった。単身で営業所に到着すると総務担当に会って、早速「労組活動のために会議室を借りに来た」と伝えると、怪訝《けげん》そうな顔で、「そんなことは聞いていない」と言われてしまった。「いや、連絡したはずだ」と押し問答をしているうちに、上席が出てきてOKを出した。

いかにも労組慣れしていないな……と憮然として、説明会の準備を整えて会議室で待ったが、誰もやって来ない。近場の支部役員や組合員たちが連絡員となって告知をしているはずである。支部役員に電話をしてみると、たしかに説明会の開催を伝えたという。

杉山は、せっかく東京から来たのにこれはひどいなーと、「次の機会では必ず集めろ！」と指示を出して踵《きびす》を返した。このひと言は無駄にならなかった。実際、別の日に営業所を訪問すると数人が出席した。だが、説明を聞いても誰も加入しなかった。

埒《らち》が明かないと判断した杉山は、営業職のいるフロアを直接訪ね、「労組の説明会に来てくれ」と一人ひとりに伝えていく。ほとんどの人から無視されたが、それでも何人かが反応した。その人たちを会議室に連れていき、何とか二〜三人が加入するという毎日が続いた。

金沢を後にして、翌朝は仙台の営業所を訪問した。結果は同じだった。五〇人を集める説明会を準備していたのに三人しか来ない。「申し訳ないが、しばらく待っていてください」と言って職場に向かい、デスクを回って声をかけ、ようやく三人を連れてくると、さっきの三人が消えていた。無理やり連れてこられても、義理も関心もない。労組はあって当たり前、という活動を続けてきた杉山は、今まで経験したことのないやるせなさを感じ、なぜか笑いがこみあげてきたという。

一方、上村《かみむら》は、組織拡大は本部と支部とでのすみ分けが大事であると考えていた。だから、その場で加入させることよりも労組を理解させることを優先して、全国の拠点を回った。

説明会になると、あまり真面目に聞いていない未加入者が目につく。労働法と労働協約の話をしながら、雇用を守ったり、労働条件をよくする活動について説明をしていく。だが、組合費の話になると、「そりゃ高いよ」という声が上がり、「組合員でなくても同じ労働条件になるんだよね。だったら、入らないほうがいいんじゃないの」と言われて唖然とした。

毎晩のように、上村と杉山は電話で情報交換を行った。今日の未加入者の反応はどうだったのか、労組の何を話せば分かってもらいやすいのか、などを分析するために延々と話し合った。もちろん、次の説明会のシミュレーションにも余念がなかった。だが、二人とも知っていた。本当は労働者のために働いているのに、その労働者からうとまれる責め苦の痛みや労組とは一体何かという疑心、これらを少しでも和らげたかったのだ。この時期の組織拡大は、まるで罰を受けているような毎日だったが、上村と杉山は労組内部でネジを巻き続けた。

そんななか、大西充《みつる》は未加入者だらけの地方へ組織拡大のために出掛けている。事前にアポを取ったうえで挨拶に行った支店長や支社長たちが居留守を使うという事実に直面して、大西は憤慨していた。見事にその地域では誰にも会えないため、連絡を取りあっている、と確信した。当然、そんな拒絶反応のもとでは加入者数は芳しいものではなかった。それでも、すっかり出張族となり、たまった洗濯物の入ったバックを抱えて別の営業所へ向かった。

こういうときは耐えきれなくなって、説明をはしょって、強権的に圧力をかけながら加入を強要したくなる。一度、実際にそうしてしまったところ、労組本部に苦情が殺到した。やはり無理やり加入させようとすると逆効果だ、と役員たちは痛感した。

気を取り直して、平穏な態度を心がけて愛知県の支店に入った大西は、意見交換のなかから、旧ＤＤＩの労働者たちの多くが、教員や証券マンなど多彩な前職のある中途採用者だと気づいた。説明会のあとに近寄ってきた男性が、「あなたの説明の仕方が少し上から目線で、生意気に見えた」と無機質な声で言い放った。前職を尋ねると、警察官であった。

プロジェクトX

全国各地から戻った本部役員たちは、本部や支部で報告を行った。さらに各支部の役員たちが加わり、情報交換を重ね、次の作戦を練る。そこでは組織拡大活動で体験した武勇伝や愚痴が飛び交うのだが、徐々に同じフレーズが聞かれるようになった。最初は、杉山豊治《とよじ》と上村正紀《かみむらまさあき》が二人きりのときに口にした言葉であった。

「まるでプロジェクトXのようだ」

『プロジェクトX』とは、当時NHKで放映されていたドキュメンタリー番組であり、そのサブタイトルが「挑戦者たち」であることから分かるように、企業戦士たちが数々の難題や危機を乗り越えていく姿を描くという斬新な内容であった。無名のヒーローたちが希望の光をつかむ姿が放映されたのは二〇〇〇年から二〇〇五年で、ちょうどKDDI労組の初期、組織拡大に挑戦する自分たちの姿を重ねていたのである。

くしくも二〇二一年、コロナ禍にあえぐ日本に向けてNHKは再放送を開始した。改めて調べてみると、『プロジェクトX』では、国際電電時代については二回、京セラは一回取り上げられていた。

地方を転々とした上村は、東京に戻ると情報労連にも足しげく相談に訪れ、専任オルグの黒瀬栄二に助言を求めた。筆者は、この黒瀬が重要人物だと判断して、大阪市福島区の情報労連関西ブロックの地区協議会で会うことにした。

黒瀬は一九五三年生まれで、出身は和歌山県である。地元の工業高校を卒業したあと情報サービス企業に五年間勤務していたが、一九七七年に大阪市の近畿電通共闘の専従職員に転じた。事務局長で、のちに連合大阪の会長となった柴田範幸（一九二九〜二〇〇九）に師事し、会計や電通共済生協の業務を皮切りに、選挙活動や組織化活動に取り組んだ。

黒瀬は途中から本部オルグとなったが、最初は関西勤務であった。だが、情報労連の組織改革があって東京勤務となった。小規模企業の労組結成に長けていて、「京都コンピュータ学院事件」(2)などの武勇伝が多い。こうした経験に基づくオルグ能力を、情報労連本部で十分に発揮し、組織拡大の責任者として後進のオルグたちを育てた。労働界では著名な二宮誠(3)（一九四九〜二〇二二）とも親交があった、プロのオルグである。

黒瀬は、上村の要請により、ＫＤＤＩ労組の執行委員会で組織拡大の講習を実施し、労組のことをまったく知らない未加入者を想定したオルグの技術を惜しげもなく伝授した。ＫＤＤＩ労組が存亡の危機にあるのなら情報労連としても一大事であり、放置できないからである。また、阪

---

(2) 学院が一九八五年に労組を結成した労働者たちを勤務状況の不良を理由に懲戒解雇したことや、組合員を整理解雇したことが不当労働行為であるとして争われた事件。

(3) 強力な組織拡大能力で知られるＵＡゼンセンの歴代組織部長のなかで、とく尊敬を集める「ゼンセン三大オルグ」の一人。拙著『オルグ！オルグ！オルグ！』を参照。

神淡路大震災のとき、情報労連から先陣を切った金澤俊治の熱意に対して意気に感じていたこともあるという。

黒瀬のアイデアで、上村《かみむら》はソニーの労組へも相談に行っている。ソニーには二つの労組があり、ともにオープンショップである。互いの労組がどのようにして組織を拡大しているのかについて、知りたかったのだ。

上村は、ソニーでは新入社員に狙いをつけて、奪いあっていることに気づいた。KDDIには第二組合がないから、新入社員こそ組織拡大の最大の機会であると腑に落ちた。以後、KDDI労組は、既存の未加入者に接近を続けるのはもちろんだが、新入社員を必ず加入させることを目標として掲げるようになった。

組合員の特典

黒瀬は、KDDI労組の組合員証に特典を付けた組合員カードの発行も助言している。たしかに、国際電電労組時代から、主に情報労連の保養施設が利用可能などといった特典があった。組織拡大の現場で苦労すれば分かるが、未加入者から口をついて出てくる「いったい、加入してどんなメリットがあるんですか?」という言葉に答えることが重要である。組合員特典だけで加入するわけではないだろうが、少しでもメリットのあることが大切である。
その意図を察して、すぐに反応したのは金澤俊治であった。それ以後、金澤はオルグで全国を回る際、訪れた飲食店で必ず、「ＫＤＤＩの組合員たちが出張に来たとき、『ここがよい』と紹介しますので、割引でも、ちょっとしたサービスでも何か考えてもらえませんか？」とお願いするなど、組合員特典の話をもちかけるようになった。幸いにも、ほとんどの店で同意してもらえたので特典サービスの拡充が進んでいった。

やれることは何でもやる。ＫＤＤＩ労組は組織拡大を視野に入れて正式に特典サービスを検討するようになり、全国の飲食店、宿泊施設、レジャー、ショッピング、通販、ビューティなどの分野において組合員特典が提供されるようになった。これは、労組だから当然そうなったわけではなく、遅々として進まない組織拡大の渦中で、未加入者へのオルグとともに飲食店などをオルグしていった成果である。こうした労組の姿勢は、さらに労組イベントの拡充にもつながっていった。

新入社員労組加入説明会の風景。数人に分けて加入を促す（提供：KDDI 労組）

支部では

東日本支部の上口洋典《かみぐちひろのり》は、組織拡大に手を焼いていた。

一九六七年に生まれた上口は岐阜県飛騨市の出身で、一九八五年に国際電電へ入社した。国際電電局舎の保全の仕事を皮切りに施設全般の管理をしていたが、当時、通信局の中央局である東京と大阪に続く新庁舎が建設された小山通信局に移り、その後、東京や茨城で勤務した。国際電電労組では東日本支部に所属し、KDDI労組になって松江小洋《こひろ》委員長が誕生したときは東日本支部の執行委員であった。

オープンショップになったとき、上口は茨城県に勤務していた。職場は古くからの専門的な技術系で、組合員が多かった。だが、支部内の営業職場を訪問すると、なかなか労組に加入しない。支部長をはじめとして、支部三役と支部役員総勢二〇人近くが手分けして支部内の職場

上口洋典。2008年撮影（提供：KDDI労組）

を組織化しようとしたが、一向に進まなかった。

上口は、北関東を中心に根気よく説明会などを開催した。しかし、説明会の会議室を借りるにも、会社側の対応が鈍くてままならない。ようやく説明会を開いても、今度は人が集まらない。その少数に説明しても、ほとんど加入までには至らなかった。

「労組っていったい何だ」、「どうして金を取られるのだ」といった無知な反応はまだしも、「お前は何様だ」、「何しに来たんだ」、「帰れ！」、「仕事の邪魔だ！」などの言葉を浴びせられると、相手の立場を理解しているつもりでも言葉に力があるため傷つき思い悩んだ。一人だと耐え難いから二人ペアで活動するようにしたが、やはり手応えはなく、成果を上げられない。ただし、新入社員の加入活動においては半数以上が加入してくれたから、安堵感は得られた。

少しずつ加入者が増え、ほんの少しだけ組織率が上がったが、まだまだ不十分だと感じていた。その矢先、ＫＤＤＩがau(4)と合併したことで組織率が一気に下がった。果てしない、終わりのないように見える営みにやりきれなさを感じながらも、黙々と加入活動を続けた。

杉山の盟友が上村《かみむら》であるように、上口の盟友は才木誠吾である。才木は一九七二年生まれで、

(4)　二〇〇〇年、ＤＤＩセルラー地域会社やＩＤＯが展開した携帯電話事業会社が「auブランド」に一本化し、会社統合して「au」が設立された。二〇〇一年にＫＤＤＩに吸収合併され、現在、「au」はＫＤＤＩのブランドとなっている。

兵庫県養父市《やぶし》の出身である。一九九三年、京都の専門学校を卒業したのちに国際電電に就職した。新宿ビルに配属され、国際電話の回線設定の仕事からはじめた。

東日本支部の役員になったのは一九九八年からで、教育宣伝のほか、労働金庫の手続き処理や電通共済生協などの共済業務、そして青年・女性活動という仕事も加わった。つまり、何でもやらされたわけである。そして事務局長となり、副支部長となった上口《かみぐち》とコンビを組んだ。

才木の組織拡大の標的は、もちろん新宿ビルの未加入者たちであった。だが、抵抗が大きくて遅々として進まない。職場を訪問し、机の上に労組の説明会のビラを置く。未加入者を見つけては説明会について参加を促す。大きな会議室がようやく借りられても、多くても一〇人ほどしか集まらなかった。

時折、本部役員が応援に駆けつけるようになったの

KDDIは、誕生直後から「auブランド」をアピールした（『KDD社史』547ページより）

才木誠吾。2017年撮影（提供：KDDI労組）

で、なおさら熱心に参加者を増やそうとするが、やはり数人しか集まらず、加入もしないということになって肩を落としていた。

才木は、こうしたオルグが予想以上の消耗戦になることを見抜いた。なぜならば、組合費が労組加入を阻んでいるからである。組合費が高いとか安いとかいう判断はユニオンショップの場合にもあるが、オープンショップになると、比較できないほど高い壁になっていることを思い知った。

また、「労組を知らない」という事実も、労組に入る壁をどんどん高くした。知らないことを知ろうとしないのだ。ある日、才木は、何度も誘った若手営業職から断りの言葉を直接聞いた。

「僕は会社に必要とされている人間なんです。労組に守ってもらわなくても結構ですから」

「そうですか……それでは頑張ってみてください」と返した才木、ずいぶんあとまでこの言葉が耳に残ることになった。

才木は、地方と大都市の労働者の違いを薄々感じていたが、この「僕は……」という言葉で確信を得た。労働者が労組を必要としない理由には、恐るべき個人主義と無知が潜んでいたのだ。

かえってやる気が高まった才木は、あえて消耗戦に没頭するようになった。盟友の上口とも意見交換を重ね、作戦を練った。二人はまさに、先に挙げた「上村《かみむら》と杉山」のようであった。

労働者が労組に加入するということ

オープンショップになってからのKDDI労組の職場会、支部集会、中央委員会、定期大会などで組織拡大についての議論を洗いだしていくと、労働者が労組に加入しない理由が分かる。逆の発想をすれば、労働者がどうして労組に加入するのかというヒントがある。それをスキップしてしまうユニオンショップ制が多い日本では、改めて「企業別組合とは何か」を知るための根本的な問いと答えがあるように思えてくる。主なものを拾ってみよう。

まず、KDDI労組は、未加入者の先入観は上司である管理職に左右されている事実を痛感した。会社側は三社合併後に研修を実施している。労組になじみのない管理職を念頭に置き、労組に関する内容も若干含まれてはいたが、その程度の説明では労組を理解するには疑問符がついてしまう。管理職の労組に対するイメージが悪ければ、それが部下に転写されてしまう。労組が行う説明会の開催に関する連絡に対して管理職の対応は千差万別であったが、冷淡な対応が多かったというのが事実である。

また、未加入者にとっては、労組の活動を知るルートの確保は諸刃の剣となった。たとえば、労組が発信する賃金交渉などの労働条件向上に関する情報は、組合員にとっては組合費に見合うメリットとして理解できる。だが、労組が組合員に限定していても会社側は全社員を同じ扱いとするため、会社のルートでその情報が流れてしまう。つまり、未加入者は労組のメリットとして理解することなく、未加入であるほうがメリットになることを知ってしまうのだ。いわゆる「フリーライド問題」が発生し、実際、組合員からフリーライダーに関する苦情が寄せられた。

企業別組合の労使には守秘義務という事項があり、その範囲を再考したり、情報ルートの下限を管理職までとするなどの情報統制もありうるが、いずれにせよ、フリーライダーにとっては労働条件面以外のメリットがないと労組への加入が難しくなる。この点に関しては、本部、支部を問わず、ＫＤＤＩ労組を深く悩ませた。

さらに、三社合併後の労働者たちは、再編による混乱にさらされながら業務に追われている。そのなかにいる未加入者が、雇用を守るとか、労働条件にかかわる諸制度を整備することなどを労組の役割として理解するのは難しい。むしろ、目先の三社合併後の再編による混乱のなかで、会社を融合させて合併効果を発揮させるために、労組が経営計画への関与や業務改善といった提案などに積極的に取り組んでいる姿勢を見せたほうが理解は得られやすい。これは、支部側で組織拡大に悩んでいる役員たちの実感であった。

しかし、未加入者から労組加入のメリットを問われ続けるといった組織拡大活動のなかで、ＫＤＤＩ労組は以下のようにターゲットを見極めはじめた。

- 労組についてほとんど知らない新入社員や、それと同様に未知である場合
- 本人やその上司に、労組に対する理解がある場合
- 職場で大きな不満をもっている場合
- 三社合併後の将来に不安を感じている場合
- 同じ職場に多数の組合員がいる場合
- イベントなど、労働条件向上以外の労組サービスにおいてメリットを感じる場合
- 許容できる組合費である場合

とはいえ、ターゲットはあくまでターゲットでしかない。大きな成果が見込めないと分かっていても、ＫＤＤＩ労組は地道に取り組むしかなかった。

副委員長の金澤俊治は、こうした停滞状況に反発する行動に出た。難航した賃上げ交渉がようやく合意に至り、「社員に……を支払う」と記載された会社の回答書を見て即座につき返し、「書き直せ！」と噛みついた。「労組がしっかり交渉して獲得した賃金だぞ。組合員に支払うと書け」と一喝し、書き直してきた回答書を確認するとほくそ笑んだ。いわば確信犯である。

やがて、未加入者から人事部に対して、「労組に入っていないと賃金アップがないのか？」という問い合わせが集まりはじめた。「全員に支給されますので安心してください」と担当者が回

答していると聞いた金澤は、すぐさま人事部に乗り込んだ。

「アホか、そんな言い方はないだろう。社員全員の分を交渉していないぞ。組合員の賃金が決まっただけだろう」と、意地になって抗議した。

労組に入ってくれた組合員たちの大切な権利をないがしろにされたようで、まったくもって不快だった。だが、不慣れな人事部の対応に直面し、労組のなかった会社のことを想像したり、労使の行く末を考えて徐々に興奮状態は冷めていった。

賃金制度の統合

本部、支部の両方から組織拡大は連綿と続いたが、もう一つ、ＫＤＤＩ労組が避けて通れない難事があった。三社合併による各社の賃金制度の統合である。賃金制度ほど各社の特性とマネジメントが如実に現れるものはない。もちろん、人事制度と切り離すこともできない。たとえば、旧ＤＤＩは労働者の勤続年数が短く、目標管理志向が強いことは明らかである。それぞれの考え方を封殺しない形で再編するのはもちろんだが、そこに旧三社の労働者が納得できるだけの公平な賃金実態がなければならない。

一九九八年に国際電電がテレウェイと合併した際、賃金政策部長として賃金・人事制度の統合を担当した上村正紀《かみむらまさあき》は、その難しさを思い知っていた。しかも、それを行いながら、当面は旧三社で併存する制度に基づく賃金や一時金の要求、その交渉を組み立てなければならない。

三社合併では、賃金制度の統合に取り組む上村の姿を見ていた小澤介士《かたし》が賃金政策部長となって、賃金・人事制度の統合を担当することになった。小澤は、三社の情報が決め手になると踏んでいた。

KDDには労組の賃金政策があるから、労働協約において賃金表を含めてすべての情報が開示されてきた。だが、DDIとIDOは開示されていなかったから、賃金体系や水準を詳しく把握することができず、依拠すべき賃金制度の姿が見えていなかった。それなのに、マスコミ各紙が憶測であれこれと書きまくったので、組合員の意識が賃金の上下変動に集まり、疑心暗鬼になりがちな状態になっていたことが気がかりであった。

KDDI労組は、労使で統合賃金・人事制度検討委員会を設置し、労使協議を重ねて二〇〇一年一〇月に制度統合を実現することを狙った。協議がはじまると、早速、会社側は成果や実力を反映した「プロ人材」の育成と活用ができる制度を提案してきた。これに対して労組は、会社の中期経営計画に合致した、分かりやすい、働きがいのある制度の確立を求めたほか、あわせて賃金・人事制度統合後には退職金・退職年金制度の統合に進むことを確認した。

小澤は、「この統合へ取り組んだ一年半は、終わりのない労使の応酬に明け暮れていた」と回想している。

三社の制度を統合するには、新しい考え方に基づいてつくりあげるしかない。毎回の協議では、労使が提起と要望を持ち寄り、緊密な議論を経たうえで変更点を見いだしていく。毎回、その繰り返しである。だが、賃金水準決定の軸をＫＤＤと決めた折り返し地点からは、三社の職務や職位の洗いだしに進んで格付けの調整を行い、賃金カーブや年収の点検は円滑に進んでいった。どうしても整合できないところには経過措置を入れることになった。

いよいよ原案ができると、全国各地の職場を回り、本部役員たちは支部役員と協力しながら新しい制度に関する説明と協議に明け暮れた。本部役員となっていた大西充《みつる》（五四ページ参照）は、「新賃金制度のときは、組織拡大とは別の時期に別の目的で全国を回るから、結局いつも東京にはいない。ホテル暮らしの思い出しかない」と回想している。

全国各地の職場を訪れた役員たちは、ＤＤＩやＩＤＯの労働者たちが、賃金に対する関心が薄いことにすぐ気づいた。賃金に関するデータが開示されず、発言もできなかったのだから当然なのだが、それだけにかえって心を痛めた。会社の言いなりになっている労働者が、それに気づくことなく「自分頼み」となり、「労組など必要ない」と断じるのである。労組の力を信じて頼み、「一緒に働いていこう！」と仲間づくりをする労働者にとっては、同じ立場の人から拒絶されることほど辛いものはない。

こうして、二〇〇一年一〇月より新しい賃金・人事制度が導入された。新制度には目標管理制度が入ったので、導入の条件としてKDDI労組は、評価者訓練、公正な運用、フィードバック、異議のある場合の措置などを求めて合意した。(5)

だが、どの企業でもそうであるように、目標管理制度には評価者の認識によるところが大きく、現場の運用が平準化しないという難点がある。職場では組合員たちから遠慮なく異議が出された。支部では苦情への対応を続け、本部では調査や個別の解決に追われた。この評価運用の定着問題は、数年にわたって労組を悩ませることになった。しかも、KDDI労組には次なる難関が待っていた。

退職金制度の統合

KDDは充実した退職金制度をもっていたが、高齢化が進んだところで退職金の負担が大きくなり、財政が厳しくなっていた。このような状態で三社合併となり、そこへauが加わった。仕組みと経緯が異なる四つの制度、その統合に進むことになった。また、賃金・人事制度の統合を優先していたため、退職金に関しては労使の基本認識がないままのスタートとなった。

会社側は、当初二〇〇二年一〇月に統合する意向を示していたが、二〇〇三年四月へと延期した。まさに難題であったことを物語るわけだが、それでも統合後の経過を考えればギリギリの期限であり、過密スケジュールのなかでＫＤＤＩ労組は交渉に入り、判断を迫られることになった。

労使は「統合退職金・退職年金制度検討委員会」を設置し、協議をはじめた。労組側は、当初から賃金の後払いや退職後の生活保障といった制度目的を確認するとともに、既得権の確保はもちろん、退職するまでの働きがいの維持向上を前面に出した。また労組は、終始、情報労連弁護団の弁護士から旧四社時代の運用から移行するための適正なあり方について助言を受けた。

再び終わりのないキャッチボールを繰り返した末、二〇〇三年二月には具体的な協議に基づいて制度原案をつくり、団体交渉で確認するところまで漕ぎつけた。詳細は省くが、新しい賃金・人事制度に依拠したポイント制度への改定と評価制度の再検証、一五年保障と一〇年保障の確定給付型企業年金制度の導入、移行期間の確保、既得権補償分の経過措置、個別協議事項、将来の充実や改善などがこのときに確認されている。

早速、労組は支部長会議などで討議をはじめ、全国の職場会で周知と議論を繰り返した。この職場会には未加入者も参加している。本部役員たちは、組織拡大を続けながら追加案件のために

(5)　上司と部下が面談して部下の目標を設定し、その進捗や達成度で評価する手法。日本の大企業で普及しているが、目標設定の方法、評価期間、評価基準、結果分布、フィードバック、フォローなどの面において運用上の難易度が高い。

全国を回るから、再び辛いホテル暮らしがはじまることになった。

　未加入者たちは、大切な退職金の情報が欲しくて集まるわけだが、同時に労組の活動を知ることになる。大西充《みつる》はそこに目をつけ、労組の説明を混ぜながら退職金に関する情報を提供していった。あえて未加入者に退職金への意見を言わせると、非常に反応がよく、会場の雰囲気が変わっていった。その結果、その場では加入の素振りを見せないが、数日後に連絡をしてきて、「加入した人が結構いた」と大西は振り返っている。

　それにしても、地道なオルグが続く。執拗な努力が果てしなく続く……。

　二〇〇三年二月、ＫＤＤＩ労組は新しい退職金・退職年金制度について決定を下し、会社側は労使で合意された制度を導入した。制度の内容が一斉に全国に広がり、協議を繰り返して意見を集め、修正を経て合意に至った。

　会社の力でそれができるものなのか。未加入者たちにとって労組は無用なのかもしれないが、労組がなかったら、会社はこうした重要案件をどのように導入するつも

2003年に労使で退職金制度に決着をつけた。写真右は松江小洋（提供：KDDI 労組）

りであったのだろうか。果たして、労働者が納得できるだけの制度が導入できたのだろうか――ＫＤＤＩ労組の叫びが聞こえてきそうである。

労組の三社融合

ＫＤＤＩ労組が退職金・退職年金の協議の最中であった二〇〇二年、つまり労組が結成されてから嵐のような二年が去った年、役員改選で松江小洋《こひろ》委員長と上村正紀《かみむらまさあき》事務局長が再び選任され、副委員長には新しく小澤介士《かたし》が選任された。この三役体制、ＫＤＤＩ労組にとっては大きな変化があった年だといえる。

一つは、旧国際電電労組からＫＤＤＩ労組への過渡期を支えた金澤俊治が退任したことである。同様に、大きく貢献してきた杉山豊治《とよじ》が情報労連の役員に就任したため本部から抜けていった。今一つは、ＤＤＩ出身の田原龍一郎が本部役員に加わったことである。

その後、杉山はＫＤＤＩ労組に戻ることはなく情報労連の幹部となり、そこから連合に出向している。だが、その期間中も、ＫＤＤＩ労組の本部と支部の役員たちから大きな信頼を集める「ＫＤＤＩ労組のシンボル」であり続けた。

二〇二〇年一月、筆者は、「休憩時間に時間をつくる」と言った田原が指定した、國學院大學横浜キャンパスの空き教室で話を聞くことができた。東急田園都市線の「たまプラーザ駅」で降り、「万葉の小径」と名付けられた散歩道を歩いて指定された教室に向かった。

田原は一九六九年生まれで、東京都町田市の出身である。地元で育ち、大学も町田にある桜美林大学国際学部に入学した。一九九三年に卒業後、ＤＤＩに入社して、池袋の法人営業部に配属された。個人営業部、サービス企画部を経験し、グループ事業企画部に移った際に三社合併を迎え、法人営業部に戻った。

田原は三社合併後にＫＤＤＩ労組に加入して本社中央支部に所属したので、支部の経験は短い。そこから本部入りしたというのは異例であるが、非常事態となったＫＤＤＩ労組本部がＤＤＩ出身の田原をスカウトした、と見るのが妥当であろう。

田原龍一郎（前列左から２人目）。2003年の「情報労連」の平和行動にて（提供：田原龍一郎氏）

なぜなら、会社合併後も旧労組役員たちで固めていては、労組の活動がいずれ立ち行かなくなると考えていたからである。こうした信念が時の労組幹部で共有されていたことは、ＫＤＤ労組時代に旧テレウェイ出身の小澤が本部役員を務めていた事実が物語っている。

この判断が正しいことは、のちにはっきりと証明された。また、田原の次には、二〇〇四年からＩＤＯ出身の桂川裕介が労組本部の役員に加わっている。実は、それらは序の口で、以後数々の会社合併を迎えるたびに、ＫＤＤ労組の色を薄めることを目的とした思い切った役員登用が目立つようになる。

組合費を下げる

本部役員となった田原龍一郎は組織部長を任された。ＤＤＩの出身者が、旧社員に対する労組加入促進に貢献するという期待があったのはまちがいないだろう。だが、田原はまったく労組の活動をのみ込めておらず、手探りで組織拡大活動をはじめたという。

それでも本部役員たちは、「熱い営業マン」であることが一目瞭然な田原に賭けた。松江小洋《こひろ》は、「思う存分にやってみろ」とけしかけている。一方、上村正紀《かみむらまさあき》は、労組の実務を田原に叩き込んだ。また、「支部のことも知っておけ！」と何かにつけて田原を東日本支部の現場へ行かせた。そして小澤介士《かたし》は、「オレも他社の営業マンで同じだったよ」と言って励まし続けた。

労組の流儀をまったく知らない、いわば素人であった田原が苦悩の末に出した答えは、組合費を効果的に利用することであった。具体的には、新入社員の組合費を一年間減額したり、新規加入者の組合費を三か月間無料にするというキャンペーンなどであった。労組には「ピケ（ピケッティング）を張る」という言い方があるが、「組合費のキャンペーンを張る」というのは聞いたことがない。

「もはや労働運動ではない」、「労働組合をナメているのか」、「労働界の笑い者になるだろう」、「先輩たちに顔向けができない」などと、役員たちからの反対意見が相ついだ。そんななか、ずっと黙っていた松江の怒号が突然響いて、その場を制した。

「おい、組織部長が考え抜いた作戦だぞ。お前らにこんなアイデア出せるか？　やってもいないのに何を言っているんだ。コイツはコイツで、全力で取り組んでいるんだよ！」

突っ走る田原と同じく突っ走る松江、この二人は気があった。松江は、ＫＤＤＩ労組の定期大会で組織率の目標を七〇パーセントと決めた直後、情報労連の定期大会の挨拶において、「私の任期中にＫＤＤＩ労組の組織率を八〇パーセントにする」と豪語し、拍手喝采を浴びている。

さて、田原だが、辺りを見回しながら淡々と、「組合費が高すぎるというのならもっと値下げすべきです」、「ここが会社なら、普通の感覚です」とさらに続けた。その後、支部からの反発があったものの、結局田原の提案が通り、労組が会社の販売促進のような特別加入キャンペーンをはじめることになった。言うまでもなく、前代未聞のことである。

二〇〇三年、ＫＤＤＩ労組は新入社員に対する加入促進のため、労組説明会の当日に加入した者は月額一〇〇〇円、説明会以降七月までに加入した者は月額二〇〇〇円とし、それぞれ翌年三月まで適用するというキャンペーンを開始した。そして、このあともさまざまなキャンペーンを打ちだすことになった。

キャンペーンは、組織拡大の責め苦にあえぐ支部から歓迎され、実際に功を奏した。労働運動論ならいざ知らず、職場労組の現場実践からすれば的確な対策であったといえる。たしかに、労働運動論の基本から外れた者が思わぬ成果を出すことがある。言葉どおり、少しずつだが労組への加入が上向きはじめた。

ＫＤＤＩ労組のビジョン

田原龍一郎は、幹部たちにもう一つ重要な提案をしている。労組のことを知らなかった田原本人が、「労組とは何か」と聞き回ったときに返ってきた一番多い答えは、「組合員の雇用を守ることと労働条件を維持して向上すること」であった。田原は、そのとおりだと思う一方で、どうも納得できないような気がしていた。この答えでは、組合員のことしか言っていない。組合員は会社で働くわけだから、会社で働くすべての者のことを言わないとおかしくないか？――先入観のない田原は、そこに気づいた。

もし、組合員のことしか言っていないのなら、労組のことを知らない労働者が労組のことを理解できないのは当たり前ではないか。労組のことではなく、会社のことをいえば、会社で働く労働者だから理解できるはずである――こう考えた田原は、労組の役割として会社という言葉を入れたビジョンのようなものを明言すべきだと提案した。会社員として、労組の役割にメリットを感じられること。つまり、KDDI労組が会社をどのように位置づけて、どのようにしたいかである。

上村正紀《かみむらまさあき》は、これは盲点だった、と直感した。田原の言い分は、労組活動にどっぷり浸かってきた労組役員にとっては自明のことだから改めてもちだすこともなく、むしろ「労組たろう」として引っ込めていたことに気づいた。それに、組織拡大において、このように大事なことを未加入者に伝えてこなかった。KDDI労組は、会社と対立して叩きたいわけではない。あくまでも、会社をよくしたいのである。

こうして議論を重ねて、「より良い会社を作る」というKDDI労組のビジョンがつくられた。「KDDI労働組合は『より良い会社』を作るため、以下のことを実行します」と言ってはじまるKDDI労組のビジョンを何度も朗読しながら、田原は「これなら納得です」と笑った。これなら会社だって労組を拒絶する理由がないし、未加入者も拒絶することがない。

田原は、ＫＤＤＩ労組のビジョンをプリントしたクリアファイルを制作し、労組や組合員を通じて使用するように提案した。クリアファイルは社内を動く。一万枚を超えるクリアファイルが流通をはじめた。このクリアファイル作戦は、その後も重要な取り組みの際にたびたび利用されることになった。また、労組名と会社名が連記されたボールペンをつくって、労組説明会に持ち込んで参加者に配布もしている。

二〇〇四年七月に開催された全国大会でＫＤＤＩ労組は、規約・既定の一部改訂を行い、労組ビジョンの刷新を理由に、基本理念という言葉をすべて削除している。ＫＤＤＩ労組のビジョンが組織拡大にどれほどの効果をもたらしたのかについては、うまく検証することができない。だが、労組のメリットを提示できる商材が増えたのは事実であろう。目に見えないもの、名前のないものは売れない。優れた営業マンの感覚を労組にもち込むという、田原の真骨頂である。

ところが、クリアファイルを配布した直後に一〇人ほどの組合員が労組を去ったという報告が本部に入った。「こんな会社寄りの労組では嫌だ」、「オレの組合費でこんな無駄なものをつくるなよ」などが脱退の理由であった。

どうにもうまくいかないな……田原はほぞをかんだ。前途多難のままであることはまちがいない。こうした無理解な発言は、以後ＫＤＤＩ労組によるさまざまな施策において組合員から寄せられる常套句となり、役員たちを悩ませることになった。

表1－1　KDDI 労働組合ビジョン

KDDI 労働組合は「より良い会社」を作るため、以下のことを実行します。

●KDDI 労働組合として
- ①時代にマッチしたスピーディかつダイナミックな組合活動を推進します。
- ②KDDI 社員として一体感が持てるよう、組合加入者を増やします。
- ③会社のパートナーとしての存在感を高めます。

●会社に対して
- ①労使のグリップ強化の実践を求めます。
- ②公平感を実感でき、力を発揮しやすい働きがいのある職場作りを求めます。
- ③社会貢献活動の一体的実施を求めます。

●組合員に対して
- ①建設的な情報交換と意見提起を求めます。
- ②組合活動に対する自発的な理解・協力を求めます。
- ③新しい組合活用メリットの探求を求めます。

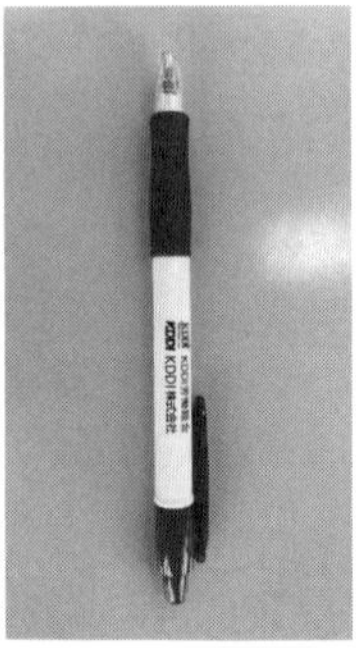

労使名称が記載されたボールペン（提供：田原龍一郎氏）

KDDI 労組クリアファイル。（左）KDDI 労働組合ビジョンが印刷されている（提供：田原龍一郎氏）。（右）長時間労働防止を促している（提供：登尾直樹氏）

財政悪化の渦中で

一方、上村正紀《かみむらまさあき》は、オープンショップになったことで財政が悪化することを最初から見抜いていた。しかも、さらに深刻な状態になると踏んでいた。

財政悪化中に組合費の収入が減る。そんなときに組織拡大費用を投入するのは、自分で自分の首を絞めるようになるから当然である。さらに、本部の専従役員の賃金が支払えなくなったら労組は終わる。組織率が三割程度なら確実に危険水域に入ることが目に見えているから、夢想ではなくなってしまった。

「未加入者が、三年に一度、労組に入ってもらったら助かるのになあ……」

悲壮な空気を変えようとした杉山豊治《とよじ》のジョークに笑う者はいなかった。

上村はコストカッターに徹した。まず、役員たちに経費を点検させて節減を急いだ。活動計画は変えずに、思い切って予算を縮小していった。それを見て松江小洋《こひろ》も、「よし、どんどん削れ」とゲキを飛ばした。

田原龍一郎は、機関会議の会場を変えるように、と提案した。長年の付き合いがあるからといって会場を固定するのではなく、複数の候補をリストアップして吟味した。まずは社内に営業担当がいるかどうかを確認し、会社と取引がある、あるいは営業担当が取引したいと思っているところを優先的に利用することで労組への理解を深めるという狙いもあったが、これで大幅に会場費を下げることができた。同じく、機関会議の議案書、議事録、付属資料や機関紙の印刷会社を再検討して、新しい印刷会社を開拓した。

施設にしても、印刷にしても、大口の注文となったほか、ＫＤＤＩと取引ができるようになったと歓迎される。逆に、それらの会社に対するＫＤＤＩの営業がはかどることになるから、営業職における組織拡大の糸口となる。これも、田原の隠れた貢献である。

また、機関会議の議案書の体裁も変えた。国際電電労組・ＫＤＤ労組時代の議案書は分厚くて本のようであり、別冊まで付いていた。ＫＤＤＩ労組の議案書は見る見るうちに薄くなったが、その分ポイントがよくまとまっていて読みやすくなった。「もっと見直せないか」と、勢い余って「もう製本をやめて、営業のプレゼン資料みたいな議案書にしたらどうか」という案も飛びだしたが、さすがにそれは却下されている。

さらに上村《かみむら》は、定期刊行物の購読を見直した末、機関紙にまで手をつけた。月一回の発行とされていた機関紙は不定期へと変更された。削減された費用はすべて組織拡大に向けられた。労組の台所は火の車だが、それでも粛々と加入を増やすための努力を続けた。

こんな上村、支部予算も取り上げている。これまでは支部と本部の予算は別建てであったが、それを一本化し、活動実績によって本部が支給する形とした。これが理由で会議の数が激減した。支部の役員向けに行っていた教育研修の開催も見送られるなど、組織拡大以外の支部活動は見るうちに縮小していった。

また、KDDI労組は、二〇〇〇年のスタート時には本社中央支部、本社東支部、本社南支部、近畿東海支部、西日本支部の五支部であったが、二〇〇二年には「東日本支部」、「本社中央支部」、「西日本支部」という三支部に再編成している。このため、一支部のカバーする範囲が拡大した。とくに、本社中央支部が膨らんだ。

当然、支部役員たちからは反発を受けた。

「高い組合費を払って、非専従で役員をやっている辛さが分からないのか!」、「それなら本部専従役員を減らせ!」などの声が上がったが、受け流した。売り言葉に買い言葉だが、「もう組織拡大をやめろ」と言われた上村は、「プロジェクトXとカネの話は背反するものだ」と言って不敵に笑った。

まるで、「武士は食わねど高楊枝」を地で行くように、誠実に、地道に、組織率を上げることを虎視眈々と狙った。そして、あまりにも過酷なオープンショップ下での組織拡大という使命が、KDDI労組をオルグの猛者たちの集団へと変えていくことになった。

「ご破算で願いましては」

日本全国の支部、分会の地道な活動の貢献は大きかった。新入社員の加入ほど目立たないが、日々における職場のつながりのなかで、あるいは勤務後の付き合いのなかで、ほんの少しずつだが加入者が増えていった。目には見えないほどだが、労組は確実に大きくなっていった。

だが、そうした苦しい活動を続けてきた支部や分会の誰もが悲鳴を上げたくなるのが、会社の合併であった。新規加入者でジリジリと上昇させてきた組織率が、労組のない他社と合併するとなると、労組に無縁な労働者が増えることで急落してしまう。せっかく積みあげた積木を一気に壊されるようなもので、「ご破算で願いましては」というソロバンの合図が聞こえてくるようであった。

前述したように、二〇〇一年に子会社のauを吸収しているが、そのときにはKDDI労組の組織率は四五パーセントまで下がり、過半数を割ってしまっている。しかも会社は、次々に会社合併を繰り広げていった。このように激しい合併の波、ある意味ではKDDI労組の決心を揺るぎないものにしたといえる。

実は、オープンショップになってからも、国際電電労組時代からの役員経験者たちの間では

「怨念」のようなものがくすぶり続けていた。組織拡大活動で疲れ果て、精神的に追い詰められると、あちこちで「やっぱり、ストを打たなきゃならんな」という話が出てくる。だが、あまりにも激しい組織率の低下は、そんな怨念までも遠ざけた。尻に火がついているから四の五の言っていられない、と気を取り直して、本部も支部もオルグに集中することになった。

会社の株を買う

田原龍一郎に触発されたのかどうかは定かでないが、松江小洋《こひろ》は、人海戦術のような組織拡大のほかに、何か打つ手はないかと考えあぐねていた。そこで行き着いたのが、会社の株式購入である。

労組が会社の株式を購入するという例は、それほど奇異な話ではない。よくあるのは、会社が不祥事を起こして危機に陥ると、労働者たちの団結を図ったり、会社への発言力を高める目的で購入する場合である。とはいえ、検討されても機関決定には至らず、未遂となる場合が多い。だが、松江が率いるＫＤＤＩ労組はあえて敢行することにした。

きっかけとなったのは会社側の打診であった。松江は、三社合併のときに会社が巨額の有利子負債を抱えており、経営の財務状況が良好でないことを忘れていなかった。会社を手助けする形になり、敵対的な労組ではないと示すことで労組に対する会社の理解が高まることや、ちょうど株価が低くなっている現状などが頭の中を駆けめぐっていた。

問題となるのは購入資金である。目を付けたのは「特別闘争資金」。つまり、ストライキを打ったとき、参加した組合員の賃金をカバーするためにストックされていた争議準備資金である。

国際電電労組時代には大小のストを打っていたから、これまでは別建てで積み立てられていた。最近はストを打たなくなったため、その金額が膨らんでいたのである。「そうはいっても……」と、闘争資金に手をつけてまで株式を購入することに対して疑問の声が上がったほか、明確に反対の立場をとる支部もあった。

だが、本部の決意は固く、全国を回って各種幹部会議や職場会で説明を重ね、二〇〇二年二月の中央委員会で議案を提出した。壇上に立った松江は、開催挨拶の際、「これまで以上の責任と緊張感をもつためにも、また将来を見通した運動のためにも必要と考えている」と株式購入に触れた。

議案の審議に入ると副委員長の金澤俊治は、「株式購入は売買による利殖目的ではなく、永続的な株主となり、通常の労使関係に加えて、株主の立場で、株主総会の場でも意見を言うことになるだろう」と説明した。

提案されたのは、上限三億円、一〇〇〇株の購入であった。なお、配当金については、特別闘争資金会計以外での利用が禁じられていたため、普段の活動に利用することはできなかった。だが、ＫＤＤＩ労組はのちにこの禁止事項を変更して、現在では活用できるようになっている。

こうして株主購入の議案は、一定の特別闘争資金を確保するという観点から引き続き運用について検討することを条件にして可決され、翌二〇〇三年の機関会議から予算に計上されるようになった。最初の株式配当金収入は一七九万円であり、預金利子四五万円を上回っている。また、労組委員長が株主総会に出席するようになっている。株式の購入、松江小洋《こひろ》委員長時代の大きな決断の一つである。

京都賞

終わりなき組織拡大で疲弊する労組役員たちだが、全国を駆けめぐるうちに、ユニオンショップ協定がなくなったなかでＫＤＤＩ労組が誕生した当初とは異なる感情が芽生えていた。実際にオルグを続けていると、徒労が多くて苦悩するというのが事実なのだが、「それは本当に徒労なのか？」という気持ちであった。労組の活動だから賛同を得られなくても有効なはず、といった単純なものではなく、オープンショップ下での組織拡大が本当の姿なのかもしれない、という思いに至ったのだ。

そうなると、不思議なもので、会社側の言い分も分からないでもない。つまり、労組が消失したわけでもなく、国際電電の時代からの「歴史ある労組」があるのだからしっかり活動してみろ、ということなのかもしれない。いや、やはり過酷なことであるのはまちがいない。やっぱり、とんでもない話だ。

そんなある日、首を振る役員たちのもとへ会社側から見たことのない招待状が届いた。稲森財団が毎年開催している「京都賞」の案内であった。「京都ショー?」、その言葉を聞いた本部役員が、京都で開催されるショーイベントと勘違いしたという一幕もあったが、もちろん大きな誤解である。

一九八四年に稲盛和夫によって創設され、稲盛財団が運営する「京都賞」は、各国を代表する科学者たちに授与してきた日本の国際賞である。受

京都賞授賞式の開会を待つ会場
（提供：KDDI 労組）

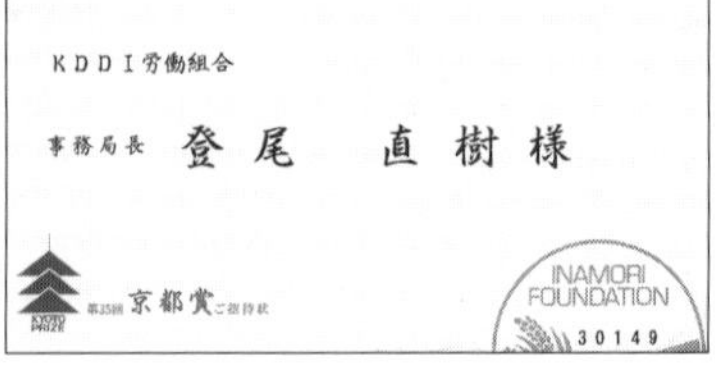

京都賞の招待状
（提供：KDDI 労組）

賞者の多くがノーベル賞を受賞するほど選考水準などについては厳格な運営を続けているため、世界から名声を集めている。

「京都賞」の賞金はノーベル賞を上回っている。余談としていえば、稲盛財団はノーベル賞の功績をたたえ、ノーベル財団に対しても京都賞を贈っている。日本人に対しては、山中伸弥、赤崎勇（一九二九～二〇二一）、大隅良典などのノーベル賞科学者や、黒澤明（一九一〇～一九九八）、三宅一生、安藤忠雄、坂東玉三郎などといった各界の国際的第一人者に授与されてきた。

このような背景をふまえると、「京都賞」とは「稲盛賞」のことであり、その稲盛から招待されたことになる。普段から全国の支部や分会を回っているから、京都に行くのは日常茶飯事である。だが、労組役員が「京都賞」に招待されることへの受け止め方は、「労使に信頼関係があることの証なのかどうか」、「会社側の活動の一環に労組が参加するのか」、「いや、非常に光栄な機会に恵まれただけだ」などと各人各様であった。

結局は、労働者の代表として扱い、正式に招待されているのだから受けて立ち、襟を正して出席してみよう、ということになった。

授賞式が開催される京都国際会館にドレスコードどおりの三役が到着すると、皇室関係者や各国大使を含めて、各界からの招待客が二〇〇〇人以上集まっており、会場内は熱気に包まれていた。案内された席に着くと、壇上が遠すぎてよく見えない。厳かな授賞式が終わると「晩餐会」

となり、音楽やダンスといったパフォーマンスがはじまった。

「京都賞」の授賞式は、単に式典だけでなく、記念講演、ワークショップなど、受賞者をたたえるための「京都賞ウィーク」と呼ばれる行事が連日にわたって開催されている。次々とはじまる壮大な催しに参加した三役たちは圧倒されたが、帰路の車中では思い思いのことを語りあいながら東京に戻った。

以降、晩餐会への参加はなくなり、授賞式だけの日帰り参加となったが、歴代三役は現在も出席を続けている。

志半ばで創立メンバーたちが退任

ＫＤＤＩ労組の本部役員は、国際電電労組時代から、本部三役と各支部長で構成される役員選考委員会が候補者を推挙し、立候補と選出に進むことになっている。つまり、実質的には信任選挙で決定されてきたわけである。例外となるのは、推挙候補が決定されないまま別の者が立候補する場合で、純然たる競争選挙になる。先にも述べたように、千葉仁平《にへい》と松江小洋《こひろ》の選挙がそれに該当するが（三六ページ参照）、かつて国際電電労組でも見られたことである。

本部役員の任期は二年であり、初代委員長の松江が二期四年を務めたところで退任するものと思われていた。だが、組織拡大の途中であることや、会社合併が重なったということもあり、ＫＤＤＩ労組は二〇〇四年に役員任期を一年制へと変更し、もう一年、松江が継続就任するという決断をした。このため、松江の退任は二〇〇五年となる。

　定期大会で退任した松江は、会場を後にしてから、二度と労組事務所に立ち寄ることはなかった。大会が開催されるまでに委員長室から私物を持ち出し、退任後の整理を終えていたのである。退任挨拶で男泣きした松江、最後まで型破りであった。

　この時点まで、つまり松江体制の五年間で、ＫＤＤＩ労組の創立メンバーである幹部役員が次々に労組を去っている。二〇〇二年には、金澤俊治と杉山豊治《とよじ》が退任している。また、情報労連に出ていた五十嵐晋は、退任後にＫＤＤＩ労組には戻らなかった。それまでは、情報労連の役員を退任するとＫＤＤＩ労組に戻ってきていただけに、大きな転換であった。なお、五十嵐と交代に杉山が情報労連の役員に転じたが、それ以降、ＫＤＤＩ労組には戻っていない。

　そして、二〇〇四年には上村正紀《かみむらまさあき》が降板した。新しい事務局長として大西充《みつる》が就任し、松江小洋委員長、小澤介士《かたし》副委員長とともに三役となった。

　こうして組織拡大を先導してきた杉山と上村のコンビが去った。その代わりに、上口洋典《かみぐちひろのり》と才木誠吾のコンビが本部入りした。組織拡大の志半ばで創立メンバーが去っていったわけだが、その志を引き継ぐ新しいメンバーによって組織拡大のエネルギーは充満したままであった。

小澤介士《かたし》委員長へ

翌年の二〇〇五年、松江小洋《こひろ》の退任によって小澤介士が第二代委員長に就任した。筆者は、この小澤とも、國學院大學渋谷キャンパスの経済学部長室で会っている。

小澤はテレウェイの出身であり、旧KDD労組の役員を押さえて堂々とトップの座に就いた。これに関して、現役役員やOBなどからの異論はなかった。小澤の人柄なのだろう。落ち着きのあるフレッシュな委員長という反応が多かった。

小澤は、これまでの組織拡大活動の経験から、その継続や集中のことを思って「身震いした」という。組織率もさることながら、出身企業が異なる多数の組合員同士の融和こそが本当の課題だと見抜いていたからである。

KDDI労組は、国際電電労組・KDD労組を継承した労組という顔のほかに、「斬新さ」と「柔軟さ」をもつ、まったく新しい労組としての顔がある。小澤の委員長就任は、それを象徴するものであると同時に、それ以後の労組役員の混成を予兆するものであった。

このとき、副委員長は大西充《みつる》が務めた。事務局長に就任したのは上口洋典《かみぐちひろのり》で、本部入りしてから早くも頭角を現しはじめていた。

二〇〇五年、会社は再び合併へ動きだし、子会社である「ツーカー三社」と合併した。ツーカー三社とは、一九九四年に開業した「ツーカーセルラー東京」、「ツーカーホン関西」、「ツーカーセルラー東海」のことである。継続契約による基本料金割引や無料通話分など、のちに業界で一般的になった料金プランを先行して導入していた。

合併後は、電話番号やメールアドレスを引き継げるサービスとしてauに一本化し、二〇〇八年にツーカーの携帯電話サービスを停止した。また、二〇〇五年には東京電力のグループ企業である「パワードコム」(6)との合併を発表し、二〇〇六年一月に合併を実現している。

小澤介士委員長時代のＫＤＤＩ労組も、三社合併以来の組

(6)　一九八六年に東京電力などが出資した「東京通信ネットワーク(TTNet)」は、全国の電力系通信企業の統合を狙い、先行した東京、中部、大阪エリアの三社の一部事業の統合を経て、二〇〇三年に「パワードコム」が設立されている。

2005年10月13日、パワードコムとの合併発表記者会見（『KDDI発足10周年社史』104ページより）

ツーカーステーション（『KDDI発足10周年社史』162ページより）

織拡大という渦中において、懸命になって組織拡大に取り組んだことはまちがいない。ただし、合併ばかりに目が行きがちとなるが、片方には企業再編に付きものの「売却」や「子会社の吸収」といったことがあるので、ある意味では盲点になりがちである。

企業売却と組織拡大

小澤介士《かたし》委員長が誕生した直後、田原龍一郎は、DDI時代に同期入社した労組未加入者の知人から相談を受けた。三社合併前にDDIの子会社だった「DDIポケット」が売却されるという動きがあるというのだ。

「DDIポケット」とは、DDIが一九九四年に設立したPHS事業の地域別グループ会社で、PHS部門では最大のシェアを誇った。二〇〇〇年に各社が統合して「DDIポケット」となった後、KDDIから独立し、「ウィルコム」を経て「ワイモバイル（Y!mobile）」となった。

DDIポケットの業績は優良であったが、KDDIはauの事業に集中しはじめており、あわせてKDDIの発展性に寄与する経営資源がDDIポケットには欠如しているという判断が働いて、外資企業と京セラが参加する事業共同体に売却するというのである。売却先は事業継承のため、経営者や役員はもちろん、人員削減をしないという方針が打ちだされていた。ということは、会社丸ごとの売却となるので、そこで働く労働者たちは動揺しはじめていた。

田原は早速情報を集め、DDIポケットに向かって同期に会ったところ、「労組について聞きたい。関心がなかったけれど、身に染みて分かったよ」と言われた。DDIからDDIポケットへ出向していた労働者たちは、会社売却によって自分たちがどうなるのかはっきりと分からなかったのだ。

数日後、田原はDDIポケットの本社で労組の説明会を開始したところ、その場で加入者が相次いだ。「これは緊急事態だ」と、田原は労組に戻って団交について話し合った。「労働者ごと売却なんてひどい話だ」、「KDDIに帰りたい者がたくさんいる」と、田原は激高した。それが理由だろう。小澤から田原は、「団交はきちんとやるから、怒り出して交渉の邪魔をするなよ」と釘を刺されている。

団交当日、KDDI労組が「DDIからの出向者はKDDIに戻すのか」と問いただすと、「検討中だ」という回答であった。これを聞いた田原が立ちあがるのを、両脇から小澤と大西充《みつる》が抑えた。「落ち着け！」、大西の小さな声が聞こえた。

小澤が冷静に、「KDDI労組は、出向者は三年以内に戻すという労働協約を締結しています」と述べた。これで、当日は持ち帰り案件となり、結局、出向者のうち希望者はKDDIに帰任することになった。これにより、また加入者が増えた。

会社がいったんやろうとしたことを収めざるを得なくなったのだから、田原は労組の力を実感することになった。とはいえ、頭がひどく混乱してきた。一つは、喉から手が出るほど加入者が欲しくて、あれほど真剣に加入を促してきたのに、それを強く拒絶していた人間があっさりと加入してくるという現実である。もう一つは、ＫＤＤＩに戻れるのに、あえて労組には加入せず、ＤＤＩポケットで挑戦を続けたいという出向者がたくさんいたことである。

「救われるから加入するのか、救われる必要がないから加入しないのか。労組って何だろう？」

と、田原はつぶやいた。

ツーカーホン関西

当時、ＫＤＤＩとの合併を体験したツーカーの労働者のなかには鈴木嘉仁《すずきよしひと》や登尾直樹《のぼりお》らがいて、合併後、早々に労組へ加入し、ＫＤＤＩ労組の西日本支部に所属した。

鈴木と登尾は、二〇〇一年にツーカーホン関西に入社した同期である。登尾は一九七八年生まれの和歌山市出身で、和歌山大学経済学部を卒業して、新入社員として入社した。一方の鈴木は一九七三年生まれの福井市出身で、地元の高校を卒業したあと上阪し、「協和テクノロジィズ」という会社に勤務してからツーカーホン関西に中途入社している。

二〇二〇年一〇月、筆者はKDDI本社ビルである飯田橋の「GAT」（飯田橋ガーデンエアタワー・次ページの写真参照）を訪れた。ビル内にある労組本部事務所で登尾事務局長の話を聞くためである。この時期から、国際電電労組・KDD労組時代を知る関係者のインタビューにはいったん区切りをつけ、足しげくGATに向かうことが多くなった。現役役員たちへのインタビューは、ほとんど本部事務所の会議室で行っている。

登尾は、入社したツーカーホン関西で大阪勤務となり、携帯電話の代理店対応をはじめた。若さに任せて毎日働き通しで、土曜日曜も休むことなく担当エリアの代理店を回っていた。そこで効果的な営業を考え

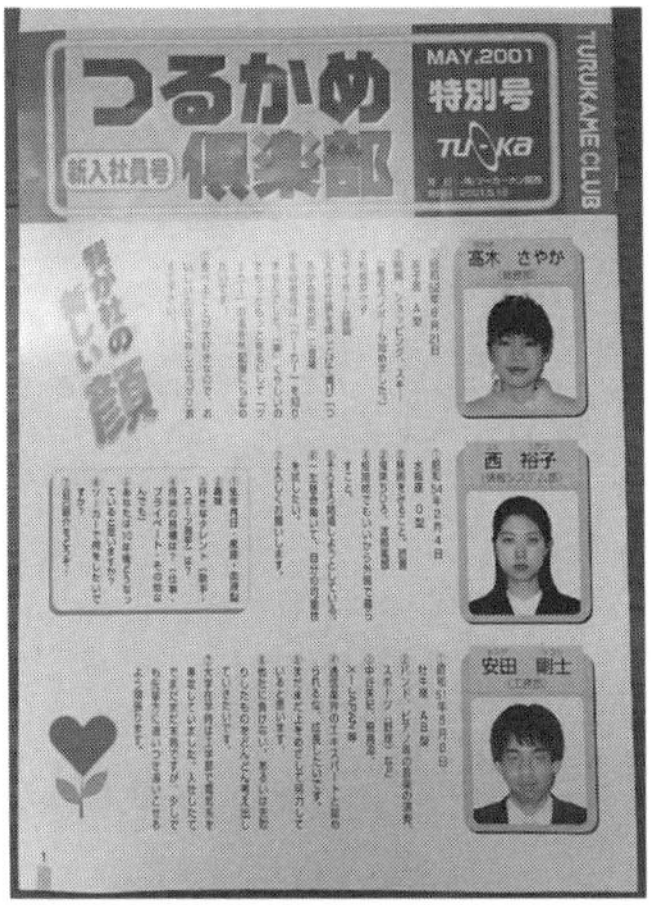

ツーカーホン関西の社内誌「つるかめ倶楽部」2001年５月号。鈴木や登尾ら新入社員が紹介されている（提供：登尾直樹氏）

登尾直樹。2016年撮影（提供：KDDI労組）

KDDI本社ビル

中庭側のビル入り口

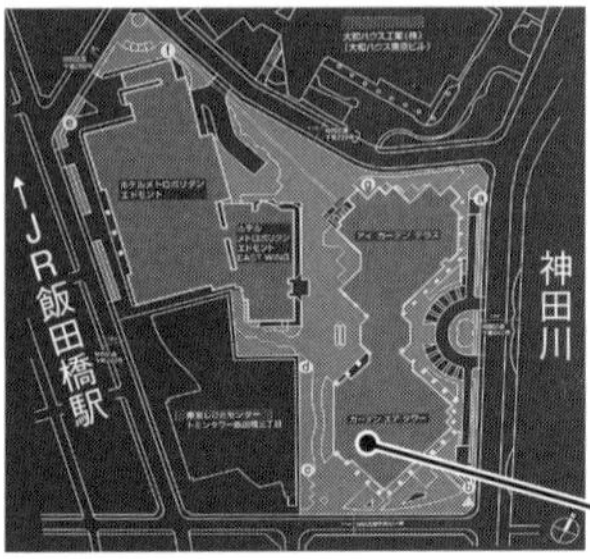

公開空地標示（一部）

住所：〒102-8460　東京都千代田区飯田橋3丁目10番10号　ガーデンエアタワー（Garden Air Tower）

だし、ショップ側と二人三脚で携帯電話を売りまくって月販台数を積みあげていった。ツーカーホン関西には労組がなく、誰も問題にしなかったから、登尾《のぼりお》はそのような状態が当たり前のことだと思っていた。

だが、合併後の説明会の際にＫＤＤＩ労組に加入してみると、組合員の労働時間や働き方に対して労組が敏感であり、また実際に職場での長時間労働が改善できることを知り、初めて労組のメリットを実感した。

業界では、外資系企業を含めて競争が激化するのに伴って会社合併の動きが激しくなり、新規学卒者の採用が見送られることになっていた。慌ただしい情勢のなかで、登尾は不安を感じはじめ、漠然とだが、どこかに買収されるだろうと思っていた。

ＫＤＤＩとの合併が決まると、自分たちの会社がなくなるのに先輩たちが大喜びをしている姿を見て、今度は違和感が募りはじめた。合併後は、同じく大阪で、ほぼ同じ拠点営業を続けたが、ツーカーからauに移行していくため、代理店を閉じていくという仕事に変わった。

ツーカーホン関西の代理店は地元の中小オーナーが多く、誘いに応じてショップを構えて生業としていた。オーナーたちのことを考えると、安価な携帯電話を提示して、auに乗り換えさせていく拠点営業ほど辛いものはない。いよいよ閉店交渉に入ると、オーナーたちの気持ちが痛いほど分かった。怒鳴られようと、何を言われようと、膝を突きあわせて謝るしかなかった。

一方の鈴木《すずき》は、退職した協和テクノロジィズに情報労連に加盟する労組があったため、役員経験はないが労組のことは知っていた。このため、合併後に勧誘されると、すぐにKDDI労組に加入し、のちに西日本支部長となっている。

鈴木は、支部長を退任後、異動で上京して新宿ビルの勤務となった。この鈴木とは、夜間を含むシフト勤務を続けていたためになかなか会えなかった。二か月ほどして、ようやく退勤後の夜間に、新宿ビルの近くにある閉店間際の喫茶店で会えたが、案の定、ものの数分で追いだされてしまった。

KDDI労組の側から見れば、この二人のような労働者ばかりではなく、ツーカーとの合併で組織率が大きく落ちることは明らかであった。それを巻き返すために、まなじりを決して、重点的にツーカー労働者の組織拡大を進めていた。

いち早くツーカーに出向している組合員との情報交換を重ねたあと、合併前にツーカー三社に対する事前訪問を敢行して、説明を尽くし、労働者の立場に関する理解を求めた。二〇〇五年九月以降は集中的に全職場を回り、毎日のように説明会を開催して一〇月の合併を迎えたが、早くも一二月時点で、約七五〇人の旧ツーカー労働者のうち、約四二〇人がKDDI労組に加入していた。これまでのオルグ経験とそのノウハウは、無駄ではなかったということだ。

新戦力もオルグへ加勢

ツーカーの出身者たちが、今度はKDDI労組の組織拡大活動に身を投じていく。登尾《のぼりお》直樹もその一人である。

先にも述べたように、登尾は二〇〇五年のKDDIとの合併直後に開かれた説明会で労組に加入している。ほとんどの労働者が労組に加入していた和歌山支店で職場委員となり、勝手が分からないながらも手探りで職場会を開いていた。そこで、全国行脚していた才木誠吾と出会っている。流れるように何でも分かりやすく説明する才木に感嘆した。

四年後、中国支社へ異動となったために職場委員は退任したが、西日本支部の執行委員たちとの交流がはじまった。異郷の地である広島で登尾は初めての内勤を務め、土地柄も分からず、新入社員のごとく戸惑っていた。だから、支部内の「中国分会長」に推されたとき、「みんなの役に立てるのなら、それに、みんなに顔と名前を覚えてもらえるから」と言って、やってみることにした。

当時、西日本支部では副支部長が中国分会長を兼任していたため、「副支部長もやれ」ということになった。念のためそれを確認された登尾は、うなずきながらも不思議に思った。兼任はよいとしても、労組が福祉の仕事をしていることがどうしても解せなかったのだ。そう、登尾《のぼりお》は副支部長を「福祉部長」と聞きまちがえていたのである。

西日本支部の幹部となった登尾は、早速、広島から西日本各地の組織拡大活動に入った。オープンショップのため、旧KDD労働者以外はみんな労組とは無縁であったから、拒絶と抵抗に遭ってしまう。かつての和歌山時代は、ほとんどが加入済みであったから苦労はなかった。それに、一旦加入してしまえば、オープンショップのほうが組合員の結束は固かった。ところが、今度はそうはいかない。めげずにオルグを続けるしかなかった。

目立たないことだが、登尾直樹や鈴木嘉仁《すずきよしひと》のように合併先の出身者がKDDI労組に加入して、組織拡大に加勢するというのは、合併が多いKDDI労組ならではの特長となる。常に新しい仲間、新しい役員の供給源が豊富になるから、別の言い方をすれば、KDDI労組における一種のビジネスモデルともいえる。何よりも、遅々とした組織拡大で苦悩していたKDDI労組にとっては光明であっただろう。

パワードコム

先にも少し触れたが、同じく二〇〇五年に「パワードコム」との合併が発表された。

パワードコムは、東京電力の通信子会社である「東京通信ネットワーク」（本書では「TTNet」と記す）が前身企業である。当時、東京電力だけでなく、全国の九電力会社がそれぞれ通信子会社をもっており、その九地域の会社を統合して全国規模のパワードコムを設立する計画となっていた。だが、二〇〇一年に一部事業について東京電力、中部電力、関西電力がつながり、二〇〇三年にパワードコムが誕生したところでＫＤＤＩと合併することになった。

二〇〇五年一〇月、労使協議会の席上でこの合併について説明を受けたＫＤＤＩ労組の事務局長である上口洋典《かみぐちひろのり》は、ＮＴＴグループとの対抗軸づくりや客の利便性を高めることによる競争力の向上など、業界の

第7回臨時全国大会でパワードコムユニオンとの労組合同。過渡的に創設したKDDI労組PCU支部の役員となった旧パワードコムユニオンの面々（提供：KDDI労組）

情勢や合併の趣旨を受け止めながらも、度重なる合併がもたらす労組活動の弊害のことを思うと胸中は穏やかでなかった。

ところで、パワードコムには「パワードコムユニオン」が結成されており、電力総連(7)に加入していた。この労組は役員全員が非専従であったが、若者たちが中心となって仕事をこなしながら活発に活動していた。

渡邊拓也。2011年撮影（提供：KDDI労組）

当時、パワードコムユニオンの事務局長を務め、「パッションだ」を連発して強力なリーダーシップを発揮していた渡邊拓也は、一九七二年生まれの横浜市の出身で、情報分野の専門学校を卒業後、一九九二年、TTNetに入社した。TTNetは、当時約一七〇〇人の規模で、技術系と業務系に分かれていた。初任配属された山梨では固定電話設備の建設保守や開通作業、東京に移ってからは回線設計を担当した渡邊は、言うまでもなく技術系であった。

約一二〇〇人が加入していたパワードコムユニオンでは、副事務局長を経て、二〇〇五年に事務局長に就任した直後、ＫＤＤＩとの合併が発表された。渡邊は、常に積極的に動き、先手を取ることを信条としていた。両社の合併を知ると、ＫＤＤＩ労組についてウェブ検索をし、迷うことなく早々に電話をした。

電話に出たのは、同じく事務局長の上口洋典《かみぐちひろのり》であった。上口も決断が速い。あえて渡邊の「先手必勝・無礼者作戦」に乗り、単身、品川にあるパワードコムユニオンを訪ねた。あっという間に両労組の三役で会う約束をし、数日後、三役が待つＫＤＤＩ労組まで渡邊らパワードコムユニオン三役が足を運んだ。

このときの会談では、会社の合併があっても労組は別々とするのか、それとも労組も合同するのかについて、双方の考え方が率直に述べられている。

席上では、「それぞれの道を歩むという手段もありうる」といった発言も出た。ただし、パワードコムユニオンとしては、旧国際電電労組・ＫＤＤ労組の組合員と同じく、常に単独の労組がある職場しか経験していない。また、TTNet時代から国際電電やＫＤＤとの業務提携や人事交流があったので、決して見知らぬ仲ではなかった。その後も会合を重ねて双方が出した結論は、「労組合同」であった。

（7）正式には「全国電力関連産業労働組合総連合」。九地方の地方組織が集まる全国組織として一九六九年に結成された「全国電力関連産業労働組合協議会連絡会議（全国電労協）」を経て、一九八一年に結成された。

「逆回転」の組織拡大

労組合同を決めた会合から戻った渡邊拓也は、早速動きはじめた。合同まで時間がない。労組合同の執行部案を持って労組内部で協議に入り、二〇〇五年一二月には臨時大会を開催している。渡邊は、ＫＤＤＩ労組がオープンショップであることを説明し、「ＫＤＤＩ労組と一緒になろう。会社の合併でどんなことがあろうとも、働く者にとって労組の力は強いほうがよい。その労組は大きいほうがよい」と提案した。

こうして合併日をもってＫＤＤＩ労組と合同することが決定された。この大会でパワードコムユニオンは、加盟してきた電力総連からの脱退や、労組合同後にパワードコムユニオンでの規約の一部を継承することなども決めている。

渡邊は電力総連の幹部から、「ＫＤＤＩ労組を連れてきて加入させろ！」と、冗談とも本気ともとれるハッパをかけられていた。だが、産別運動を強化するのなら電気産業ではなく情報通信産業の産業別組合を選択すべきだ、と考えていた。このためパワードコムユニオンは、情報労連とＫＤＤＩ労組とともに電力総連と会談し、希望どおり円満脱退を果たしている。

もう一つ、渡邊は臨時大会で大事な提案をしている。

「どうしてもKDDI労組の組合員になりたくないという者がいたら、そういう自由もある。引き止めないから、合併前にパワードユニオンから脱退できるようにしたい」

渡邊の言葉に会場は静まり返ったが、この提案も決議された。結局のところ、パワードコムユニオンからは五人が去っている。

二〇〇六年一月六日、KDDI労組は臨時全国大会を開催した。委員長の小澤介士《かたし》は、出身の異なる多様な組合員の融和と、それがもたらす旧来の枠にとらわれない充実した活動について持論を披露した。

議事に入ると、事務局長の上口洋典《かみぐちひろのり》が開口一番堂々と、「両労組の判断のもと、両労組が合流することについて満場一致の承認を求める」と直球勝負の提案に出た。この提案が決議されると、この大会の代議員にパワードコムユニオンの代表が追加され、上口が一人ひとりを紹介していくと会場は大きな拍手に包まれた。

副委員長の大西充《みつる》が続いて、当面はパワードコムユニオンの組合員が所属する「PCU支部」を新設し、パワードコムユニオン規約の継承、組合費の調整措置などについて提案し、それぞれ決定された。なお、PCU支部は過渡期間を経て二〇〇六年八月に廃止され、旧パワードコムユニオンの組合員は、本社中央、東日本、西日本の三支部に分かれて所属することになった。

ＫＤＤＩ労組は、この臨時大会において労組合同による追加役員選挙を実施し、新たに副委員長と中央執行委員の二人を選任した。渡邊は副委員長となり、大西と並んで「副委員長二人体制」となった。パワードコムユニオンでは副事務局長であった岡田健作が中央執行委員に加わったほか、パワードコムのユニオンで副委員長を務めていた遠藤晃はＰＣＵ支部長に就任した。

渡邊は新任の挨拶において、「これまで組合員の生活水準や職場環境の改善、会社の発展に大きく貢献できたと自負し、もっと労組の活動がしたい、これまでのように楽しい仕事にしたい」と熱っぽく宣言した。

ＫＤＤＩ労組にとっては、これまでの会社合併は組織率が一気に下がるため悩みの種と

発行：KDDI労働組合　http://www.kddiwu.jp/　2006年（平成18年）1月13日 金曜日

KDDI労組、POWEREDCOM・UNIONと合流

組合員数約5,880名、加入率63.4%に

第７回臨時全国大会を開催

KDDI労働組合は1月6日、「第７回臨時全国大会」を開催し（株）パワードコムの労働組合であるPOWEREDCOM・UNIONとの組織合流を決定しました。

今般の組織合流により、KDDI労働組合は組合員数約5,880名、加入率63.4%となりました。

第７回臨時全国大会を開催

中央執行委員長あいさつ

小澤中央執行委員長は今般の組織合流を踏まえ、「KDDI労働組合は、組織合流という新たな体験によって、より充実した組合運動を展開していきたいと考える。今後も組合ビジョンである「より良い会社作り」に向けて、組合員のみなさんと議論を深め、とりくんでいきたい。」と挨拶しました。

小澤中央執行委員長

新本部役員を追加選出

組織合流に伴い、POWEREDCOM・UNIONから2名の本部役員を追加選出しました。

渡辺新副中央執行委員長

この度、副中央執行委員長を務めさせていただくことになりました渡辺と申します。

元POWEREDCOM・UNIONでは事務局長を務めておりました。その経験を存分に活かし、今まで以上に努力と結果を求めた活動を行う所存であります。

よろしくお願いいたします。

岡田新中央執行委員

この度、中央執行委員を拝命しました岡田と申します。

元POWEREDCOM・UNIONでは組織、財務、副事務局長の職を歴任しました。

この経験を活かし、皆さんの労働環境とご家族との生活の更なる向上を目指し尽力してまいりたいと思います。

発行：KDDI労働組合　http://www.kddiwu.jp/　2006年（平成18年）1月13日 金曜日

第7回臨時全国大会

PCU支部三役の面々（左から小峰副支部長・笹崎副支部長・遠藤支部長・太田事務局長）

PCU支部を新設

POWEREDCOM・UNION出身組合員の連携維持等を図るため、PCU支部を新設しました。

遠藤PCU支部長

この度PCU支部長を仰せつかりました遠藤と申します。

同時に就任した笹崎・小峰両副支部長および太田事務局長を中心としたPCU支部は、本部・他支部との連携を図りつつ一所懸命活動してまいりますので、よろしくお願いいたします。

合流記念パーティーを開催

臨時全国大会終了後、KDDI・パワードコム双方の組合員・組合役員の交流等を目的に、合流記念パーティーを開催しました。

このパーティーには大島総務本部長をはじめとして、会社からも多数の方に来賓としてご参加いただきました。

鏡割りの様子（左から遠藤PCU支部長・大島総務本部長・小澤中央執行委員長）

来賓を代表して大島総務本部長あいさつ

「1月1日の合併により会社も組合も大きくなった。名実ともに労働組合と手をたずさえ、会社を立派にして行きたい」と挨拶をいただきました。

これからKDDI労働組合は、強固となった組織基盤をもとに、さらなる労使関係の強化を図った上で、合併効果を最大限に活かした会社のより一層の発展および労働条件の維持・向上に向けとりくみます。

KDDI Workers Union

パワードコムユニオンとの合同を決めた臨時全国大会の模様を伝える機関紙（提供：KDDI労組）

なっていたが、パワードコムとの合併ではそれが逆になった。約一二〇〇人の組合員が一挙に加入し、組織率が六割を超えたのだ。

またしても制度統合へ

ＫＤＤＩとパワードコムの合併においては、二〇〇六年九月まで両社の制度が運用され、一〇月からＫＤＤＩの賃金・人事制度、退職金制度にパワードコム側が合流する形をとったのでさしたる混乱はなかった。賃金制度では、賃金額において不利益となる変更がほとんどなかった。同様に退職金制度も切り替わったが、大きな不満の声が上がることはなかった。

だが、昇進昇格については、当初は不満を表明する組合員が続出した。パワードコムユニオンの役員だった気安さか、「渡邊を出せ！」という連絡が労組本部にたびたび入り、押しかけてくる組合員の文句や苦情を聞くことになった。

ほとんどの不平は、「もしパワードにいたら」という仮定に基づくもので、渡邊は「パワードコムにいたときのように、しっかりどうぞ」と言うしかなかった。「あと三か月で管理職になれるはずだった」とも言われて神妙な気持ちになったが、既得権と期待権がない交ぜになっていると見抜いていた。

しかし渡邊は、パワードコムで専用線を得意とする固定通信部門の優秀な営業職たちが挨拶に来て、ＫＤＤＩを去っていったことが残念でならなかった。パワードコムでは稼ぎ頭であり、大きなコンペで勝ってきたという成功体験は、同じ仕事なのにＫＤＤＩでは赤字部門になって失われてしまった。労働者のプライドの問題とはいえ、何となくその気持ちが分かるだけに、会社合併の一幕を見た思いだった。

たしかに、「これからは新しい職場の人間関係のもとで新しい制度でやってくれ」と言われるほうもやりにくいし、言いたいことも出てくるだろう。突然、見知らぬ人たちと一緒に働くことに対しては不安のほうが大きいだろう。

実際、仕事がきつくなったとか、旧社間の小さないざこざが渡邊の耳に入ってくるから、職場の人たちの不慣れな環境に思いをはせていた。

だが、組合員たちの間で大きな争いは起こらなかった。また、少し前に合併した旧ツーカーの組合員からの苦情がほとんどないことを不思議に思っていた。それだけに、もし労組がなかったらどうなっていたのか、と渡邊は想像した。むしろ、組合の範囲にいない管理職たちの間で何かが起きていそうな気がしていた。

「健康診断論」

パワードコムユニオンで精力的な活動を続けていた渡邊にとって、組織拡大は初めての経験であり、驚きの連続であった。労組に入るのが当たり前で、常に労組がそばにあった。だが、ＫＤＤＩには未加入者がいて、接してみると、労組に入らないというのが当たり前であった。労組の距離が遠い。というよりも、遠すぎて見えておらず、ないのも同然であった。

新入社員については、入社後の研修期間中に実施される説明会でそれほど違和感を覚えなかった渡邊も、従来から加入を拒み続けている未加入者には手を焼いた。話を聞いてみると、意味不明なものばかりだった。加入しない気持ちが分からないので悩んでしまう。そこで、その人の気持ちになって労組を拒否してみるが、やはり分からない。

もちろん、未加入者のほうも渡邊の気持ちが分からないでいることは確かである。だから、やはり悩んでしまう。ＫＤＤＩ労組が結成されて以来の、先人たちの苦労を知ることになった。とはいえ、支部で組織拡大に当たっている旧パワードコムのみんなも同じように戸惑い、悩み、それでも仲間を増やそうと努力している姿を想像して、腰を据えて取り組む決意が湧いてきた。

何度も勧誘し、「労組って何をするところですか」、「どうして組合費を支払うんですか」などといった未加入者の声を拾った場合には、胸中で「無知なだけだろう」と思いながらもしっかり説明した。そして、「実際にどういう活動をしているのかを見て欲しい」と付け加えた。

だが、「どうせ、飲み食いしている団体なんだろう」とか「会社の御用聞きのようなことはしたくない」と言われると、偏見に満ちていることに気づき、気を取り直して、「組合費の使途は定期的に報告しているし、公認会計士が監査している」などと答えていった。

とはいえ、二〇〇〇年以来の組織拡大活動において何度も勧誘され、その都度拒絶してきた労働者たちは手強かった。拒絶するときの労組に対する辛辣な悪口も堂に入ったものである。だから渡邊は、自分に言い聞かせるように、説明会では次のような話をよくした。

「労組の役割は、会社の健康診断のようなものです。KDDIはもう図体が大きくなって、あちこち、小さな怪我や病気の兆候があるのに気づかない。放置していたら大変なことになるのを未然に防ぐことが必要です。なぜなら、そんなことまで会社はやらないし、できないですよ。何かあっても責任は取らないでしょう。困るのは我々なのです。会社を常に健全な状態に保って、働きやすくして、目いっぱい働いて、収入を増やして生活したいでしょう」

この「健康診断論」には即効性がなく、その場で加入することはなかった。だが、その後しばらくすると何人かが加入してきた。渡邊は、労組そのものよりも、顧客視点で未加入者に接する態度を続ける自分のことを信じてくれたような気がした。

テーマパークイベント

パワードコムユニオンとの組織合同は、ＫＤＤＩ労組に新しい風を吹き込むことになった。優先して組織拡大に取り組むあまり、支部主導で組合員の相互交流をいかに進めるかについては検討されてきたものの、組織全体から見ると決定打というものがなかった。だが、パワードコムユニオンが標榜してきた明るく楽しい労組の一環として展開していた東京ディズニーランド（ＴＤＬ）のイベントがＫＤＤＩ労組の「テーマパークイベント」⑻

⑻　ＫＤＤＩ労組では、ＴＤＬの場合とＴＤＳの場合があり、「ＴＤＲ（東京ディズニーリゾート）イベント」と呼ばれ、募集後、抽選を経て参加する組合員が決まる。

TDR イベント。アトラクションを楽しんだ後にショーがはじまった。2016年撮影（提供：KDDI 労組）

としてビルトインされると、雰囲気が一変した。

二〇〇六年六月、ＫＤＤＩ労組は家族参加型によるＴＤＳ（東京ディズニーシー）のイベントを開催すると告知したところ、応募者が定員を大きく上回り、抽選を経て参加した組合員から絶大な評価を集めた。イベントの内容もさることながら、それまで行ってきた各支部のイベント活動のノウハウが共有され、準備と実施の協力体制づくりや、労組一体のイベント機運を高めたという点においても成果を上げた。

脇目も振らずに組織拡大に取り組んできたＫＤＤＩ労組にとっては一服の清涼剤のようなイベントとなったが、同時に組合員のメリットとなるのが明らかなことから、組織拡大のツールとして活用された。

ＫＤＤＩ労組は、各支部のイベントに磨きをかけるとともに、返す刀でＵＳＪ（ユニバーサル・スタジオ・ジャパン）でのイベント企画に乗りだして、東西において主力のテーマパークイベントを完成させている。テーマパークイベントは組合員の余暇充実と交流を第一の目的として

USJ イベント。ショーとビュフェに大喜びの組合員と家族。2015年撮影（提供：KDDI 労組）

いるが、その先には、未加入者に対して見えやすいアピールとなることから、加入促進というテコ入れ策といった一面がある。

会社の株を売る

ＫＤＤＩ労組が二〇〇三年にＫＤＤＩの株を一〇〇〇株購入したことは先に述べた（九一ページ参照）。購入時の討議をふまえて、それを賄った特別闘争資金会計の運用を検討してきた。その結果、争議の際の一〇日間分の資金確保が決定されたが、パワードコムユニオンとの合同によって組合員が増えたため、その基準に抵触し、資金不足になることが予測された。

そこで、ＫＤＤＩ労組は株式売却の検討に入ったところ、再び多くの意見が集まった。幸い株価は購入時よりも上昇していたから、株式購入を決めたときの信念を曲げず、購入時の価格相当分を売却して現金化し、特別闘争資金を一〇日間分超になる水準に戻して労組資産の保全を図ることで決着した。

二〇〇六年七月の全国大会において上口洋典《かみぐちひろのり》事務局長が上程して、株式の保有数の見直しを決定した。それを受けてＫＤＤＩ労組は、直ちに中央執行委員会で実務的な点を詰めて、二〇〇六年八月、時価総額を勘案して購入時価格に相当する三五〇株を売却した。その結果、当初使用した資金が戻り、財政の健全性や有事の際に必要とされる闘争資金の安定性に貢献し続けている。

松江小洋《こひろ》体制のときに大きな議論を起こした株式購入だったが、先人たちが一心不乱な組織拡大のなかでとったリスクによって、現在のＫＤＤＩ労組はその成果を享受できたわけである。上口は、会社経営の安定や強化に関与するために、当初の目的どおり「ＫＤＤＩ労組は今後も永続的な株主となる」と語っている。

上口洋典《かみぐちひろのり》委員長へ

小澤介士《かたし》はテレウェイの出身なので国際電電との合併を経験してきたわけだが、その後も、三社合併、au、ツーカー、パワードコムと四回もの合併を経験している。パワードコムユニオンとの組織合同では組織率が跳ねあがって六割台になり、異文化が注入されたことで国際電電労組・ＫＤＤ労組からの脱皮が進み、新しい労組になってきたと小澤は感じていた。それだけに、その歩みを止めるわけにはいかなかった。

二〇〇七年七月に開催された定期大会では役員改選の投票が行われ、ＫＤＤＩ労組の歴史に新たな一ページを加えることとなった。第二代委員長の小澤が退任し、事務局長を務めていた上口洋典が第三代委員長に選任されたのである。ＫＤＤＩ労組にかぎらず、委員長の就任には関係者からの人物評が錯綜するのが常だが、上口のように、誰からも「公明正大、文句のつけようがない」と言われるリーダーは珍しい。

また、上口の盟友である才木誠吾が事務局長となり、渡邊拓也は副委員長となった。才木は本部四年目、支部を含めて通算一〇年表彰の役員である。上口と才木のコンビは次代のＫＤＤＩ労組を背負うはず、という杉山豊治《とよじ》の予言どおりになったわけである。

さらに松井一浩が本部入りして、後藤一宏とともに「カズヒロコンビ」が誕生した。後藤は吉永徹也（一六ページ参照）とともに一年前に本部役員となり、小澤体制の最終年を支えていた。

支部から本部へ

後藤一宏は、一九七五年に宮城県本吉郡唐桑《からくわ》町（現・気仙沼市）で生まれた。地元の中学校を卒業後、仙台の中高一貫校へ進学し、中学では生徒会長、高校では寮長を務めている。東北大学法学部を卒業した一九九八年に国際電電へ入社した。

入社試験の面接では、国際電電の船舶通信のことを話した。後藤の父親は(9)遠洋マグロ漁業の漁師で、幼少のころから父親との国際電話に馴染みがあり、インマルサット衛星を使用した技術進化などに関心があった。「我が家は、たくさん国際電話を利用して通話料金をかなり支払ってきました」と話して、その場を和ませたという。面接の日、父親は漁に出ていて相談ができないし、大学院への進学も考えていたが、後藤は入社することを決めた。

入社後、東京本社の総務部、法人向けのＩＰサービスの企画という仕事を経験していたが、二年後からＫＤＤ労組の本社中央支部の職場委員、三社合併直後にはＫＤＤＩ労組本社中央支部の執行委員となり、「伝説の事務局長」と呼ばれている須永郁夫（三三ページ参照）に出会っている。以後、支部の総務部長、副支部長、事務局長を務め、二〇〇六年から本部入りしている。

一方の松井一浩は、一九七〇年に石川県鳳珠郡《ほうすぐん》能登町で生まれた。地元で育ち、無線通信専攻科のある五年制高校を卒業したあとに国際電電へ入社した。初任配属は小山送信所であり、主に船舶通信の設備保守や通信オペレータの仕事をこなしてきた。松井と後藤には、船舶通信というつながりがあったわけである。

筆者は、二〇二〇年二月、話を聞くために退任した松井の勤務する茨城県古河市の八俣《やまた》送信所を訪問した。ＪＲ湘南新宿ラインで古河駅に着いてからしばらくバスが来るのを待ち、乗ってから約四〇分、そして降りたバス停から正門まで徒歩で約二〇分と、ちょっとした小旅行の気分であった。

松井は東日本支部に所属し、二〇〇三年から副支部長であった上口洋典《かみぐちひろのり》や支部長の小笠原豊のもとで執行委員となった。松井も上口も専門技術の仕事に就き、ほとんど異動がなく、ともに現在も栃木県の小山市在住である。その後、松井は副支部長、事務局長を務め、二〇〇七年に上口が委員長になったタイミングで本部入りをしている。

上口体制になったときの支部は、須藤猛敏《たけとし》が西日本支部長、尾崎勝政が東日本支部長、遠藤晃が本社中央支部長を務めていた。後藤や松井のケースからもうかがい知れるが、各支部の役員から本部役員になるというのが一般的なわけだが、いくつかの慣例があることも分かる。

（9）インマルサット社（Inmarsat Glogal Limited）が運営する人工衛星で、世界中のほとんどの場所に電波が届く衛星通信サービスに利用されている。当初は、海上の通信手段からはじまり、陸上や航空にも使われるようになった。日本ではＫＤＤＩが提供している。

現勤務先の八俣送信所の正門と事務所の前に立つ松井一浩。「敷地内の高圧電線に衝突した鳥は焼鳥になる」と教えてくれた

まず、国際電電労組からの慣例と思われるが、支部長の経験者は本部入りをしていない。これは、カラーが異なる各支部のパワーが拮抗したまま本部を形成していることを示している。要するに、支部長は本部の下請けではなく、役員人事などは本部と合議して決めているし、常に本部を監査するという役割を担っているということだ。

また、当時は西日本支部の役員が本部入りするという例がほとんどなかった。西日本支部から本部役員になる場合は転勤を伴うというのがその理由であろう。だが、上口《かみぐち》委員長のもとでこの慣例が破られ、二〇〇九年以降は西日本支部役員から本部役員への就任がはじまっている。

後藤一宏のひそかな決意

本社中央支部の時代、後藤は組織拡大活動で未加入者の抵抗に直面して、何度もやりきれないという経験をしている。三社合併後、存続会社ではないKDDの社員として、またその延長線上にあるKDD労組の役員として肩身が狭いとすら感じていた。

労組の新聞や共済関係の書類を配布するだけで苦情が来る。労組の説明をはじめようものなら、「いったい何の組織なのか、宗教団体だろう」という心ない言葉に傷ついてきた。こうした支部での苦しみを本部は理解できているのか、と後藤は思っていた。

自分のムラに別のムラの者がやって来て、「こちらの寄合へ顔を出せ」と言っているようなものである。そんな義理は何もない。それぞれのムラにこだわるあまり、職場ではイジメやいさかいもあった。そんな雰囲気のなか、脱退届の提出で行き違いがあったために組合費の天引きの停止が遅れ、事務局長だった後藤が「泥棒呼ばわり」されたこともある。未加入者からも、脱退していく者からも悪者扱いされるという日々、やりきれなかった。

それだけに後藤は、組織拡大活動を優先する路線を継続することの現実的な意味を問いたいという気持ちが高まった。組織拡大が無意味であるというわけではなく、重要項目であることは否定しないが、支部事務局長としてほかの活動への影響を危惧していたのだ。

二〇〇六年、本社中央支部の役員から本部役員に立候補者を出すことになり、当初候補と見られた副支部長に退職する意向があったため、後藤も候補者の一人とされた。後藤はまだ専従役員になる決心が固まっていなかったから、「第二候補ならば」と承諾した。だが、第一候補が支部長の佐藤真であったため、後藤が本部役員候補となった。つまり、佐藤の戦略であった。後藤は、支部長が本部役員にならないという慣例を知らなかったのである、

だが、二〇〇六年の全国大会における本部役員の選挙で選任された後藤は、清々しい顔をしていた。常に優等生であり、職業人生でもそうあろうと考えていた後藤が、支部活動を経験するなかで労組の意味を問ううちに、働くということに対する見方が変わってきた。決して、職場の仕

事が行き詰っていたわけではない。また、三〇人いた文系大卒の同期入社者のうち、何人かが先に昇進していくのを見て焦っていたわけでもない。

むしろ、同期はすでに退職していき、二〇人に減っていた。このまま社員を続けていった場合の将来が見えたような気がして、少し冷めていたのも事実である。残っている同期のうち、労組の仕事に取り組むアウトローがいてもいいのではないか、と割りきっていた。

支部の役員は、会社の仕事のかたわら労組役員としての仕事をこなしている。もちろん、圧倒的に会社の仕事の割合のほうが多い。多分に労組は、もち回りのという役割分担のなかで、中途半端とまではいかなくても常にどちらかに比重をかけにくいというのが事実である。

本部役員として専従でやってみたらどうなるのだろうか。自分という人材が加わることでKDDI労組はこのままなのか、それとも変わるのか。自分がトップになったら何をするのだろうか。冷静な後藤は、ずいぶん先のことまで考えをめぐらせ、全力で取り組む決心を固めていた。

仲間づくりキャンペーン

後藤と同じ二〇〇六年に本部入りした吉永徹也（一六ページ参照）は、一九七一年に東京・墨田区で生まれ、専門学校を卒業後、一九九三年にテレウェイに入社した。入社当初から半年間は南町田に勤務し、東名高速道路に敷設された光ファイバーの定期点検と保守という仕事からはじめた。

その後、法人専用線の「故障苦情受付コールセンター」での仕事となり、横浜勤務になったが、ここは二四時間体制だったから夜勤もこなしていた。そして、一九九八年にテレウェイが国際電電と合併すると、仕事は同じだが新宿勤務となった。

会社合併によって、ユニオンショップ協定に基づいて組合員となり、KDD労組東日本支部に所属した。テレウェイ出身の先輩から誘われ、二〇〇二年に支部役員になっている。東日本支部のトップは「上口《かみぐち》・才木コンビ」であった。支部の組織部長、事務局長を経て、二〇〇六年に本部役員に選任された。

支部時代は組織部長であった吉永は、組織拡大活動で思い切った手に出た。三社合併でオープンショップになり、いくら勧誘しても加入者が増えていかない。最初は自分の職場から勧誘をはじめて、徐々に広げて

現在の東日本支部室。非専従役員たちの活動基地

いったが、ほとんどの人が説明会にも来ない。だから、途中から一人ずつ狙いを絞って勧誘したが、それでもダメだった。

旧DDIと旧IDOの労働者は手強いから埒《らち》が明かないと踏んだ吉永は、未加入者に対して、未加入の理由を問うアンケート調査を実施した。その理由を潰そう、と考えていたわけである。

会社にも話を通して、アンケートがはじまった。最初は反応があり、出足がいいなと気をよくして東北地方へ組織拡大活動に出ていた吉永のもとに、「こんなアンケートやるな」とか「何なんだこれは！」といった苦情が次々と入りはじめた。約二三〇〇人を対象としたアンケートは見事に失敗した。少数の回答を分析した結果で分かったのは、「労組が何をしているか分からない」、「自分には関係のないこと」、「興味がありません」などの理由であった。

本部入りした吉永は組織部長になった。支部にいたときは、KDDI労組が苦肉の策として打ちだした組合費の無料措置を含んだ「特別加入キャンペーン」に反対していた。散々フリーライドさせた挙句に無料措置まで与えるのか、しかもどうしてこの案がすんなり通るのだ、と憤っていた。だが、自分が組織部長になり、組織率を上げるための努力と成果を天秤にかけるようになると、もう撃てる弾がないことを痛感した。

そこで吉永がひねりだした策が「加入者紹介キャンペーン」だった。労組に入る者を紹介すると「QUOカード」をプレゼントするという禁断の対策であり、胸中で吉永は、大きな反対が出て実行できなくなってしまうことを望んでいた。だが、その日、強面《こわもて》で仁王立ちの上口《かみぐち》に相談すると、即座に「やれ！」と言われて愕然とした。もう、四の五の言ってはいられない。

こうしてはじまった加入者紹介による仲間づくりキャンペーン、当時は奏功したが数年で廃止となった。一方、特別加入キャンペーンも二〇〇七年に年間を通した運用を止め、中途採用者に関しては組合費を四か月分無料にするなどの例外的な運用を経て、同じく廃止された。

健康フェスタ

オープンショップになってから加入促進策の一つとして定着していたキャンペーンは、その効果に陰りが見えはじめたため、二〇〇六年に見直しがはじまっている。地道な組織拡大活動を続けてきたが、労組への加入を拒絶する労働者が残るから、いわば未加入層の濃度が濃くなってきた。ＫＤＤＩ労組は従来の発想を捨て、新しいアイデアを模索し、次の一手を導入することにした。それが「健康フェスタ」であった。

もちろん、地道な勧誘による加入促進は続けるが、それを補う方策については徐々に転換させていった。表向きは組織拡大に見えない静かな対策へ躊躇なく移るという判断は、もちろん退却ではない。むしろ、ＫＤＤＩ労組の必死の意地や覚悟が見いだせる。

健康フェスタは、KDDI労組が労働保険協会と連携して、血液のサラサラ度や骨密度などを測定するといった健康チェックを中心に据えたイベントであり、二〇〇六年から開始した。ポイントとなったのは、健康をキーワードに各事業所を回って全国規模で展開し、組合員だけでなく、未加入者や管理者も無料で参加できるようにしたことである。そして、二〇一一年からは非正社員も参加するようになった。勤務時間中に短時間ですむこともあり、各地で大盛況となった。

健康フェスタは、地味だがよく練られた組織拡大活動であった。いわゆる健康管理に労組が関与している形になり、これは「より良い会社を作る」という労組のスローガンに合致しているし、全社員が同じ方向を向いているので、歓迎されながら職場単位で網をかけることができる。また、未加入者たちに労組の活動を知ってもらう機会ともなるので、受付近くに労組の窓口を設置して説明を行った。

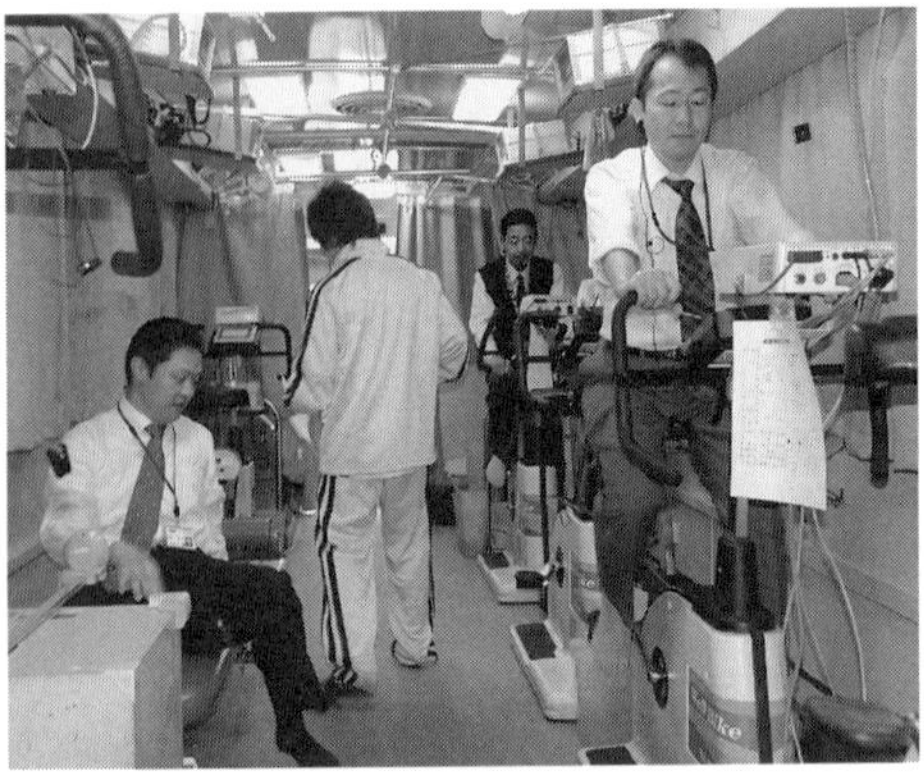

専用車内で体力測定。非組合員たちも集まった。
2006年・KDDI 新宿ビル　（提供：KDDI 労組）

組織拡大の効果は健康フェスタの開始当初から出て、徐々に大きくなった。未加入者を追えば逃げていく。だが、未加入者自身が集まる機会となれば、ごく自然に糸口をつかむことができる。さらに、少し歩み寄ってもらい、好印象で職場に帰ってもらえる。「もし、よろしければ……」と、その場で加入もしてもらえる。実際に労組への加入につながったわけだから、KDDI労組にとってはクリーンヒットとなる。

健康フェスタは、二〇〇六年に導入から三年間で開催場所を五〇か所以上に増やしたり、未開催場所ではそれに代わる健康増進イベントを投入しながら充実させつつ、参加人数を大幅に伸ばしていった。一方では、その前後に職場会を実施したり、ボウリング大会と組み合わせたりしながら加入促進キャンペーンと一体化させた運営ノウハウを完成させ、約一〇年にわたって継続された。

健康フェスタによる加入効果に自信を深めたKDDI労組は、常時行ってきた組織拡大体制から、春季や秋季に絞った組織拡大強化期間体制へと移行していった。

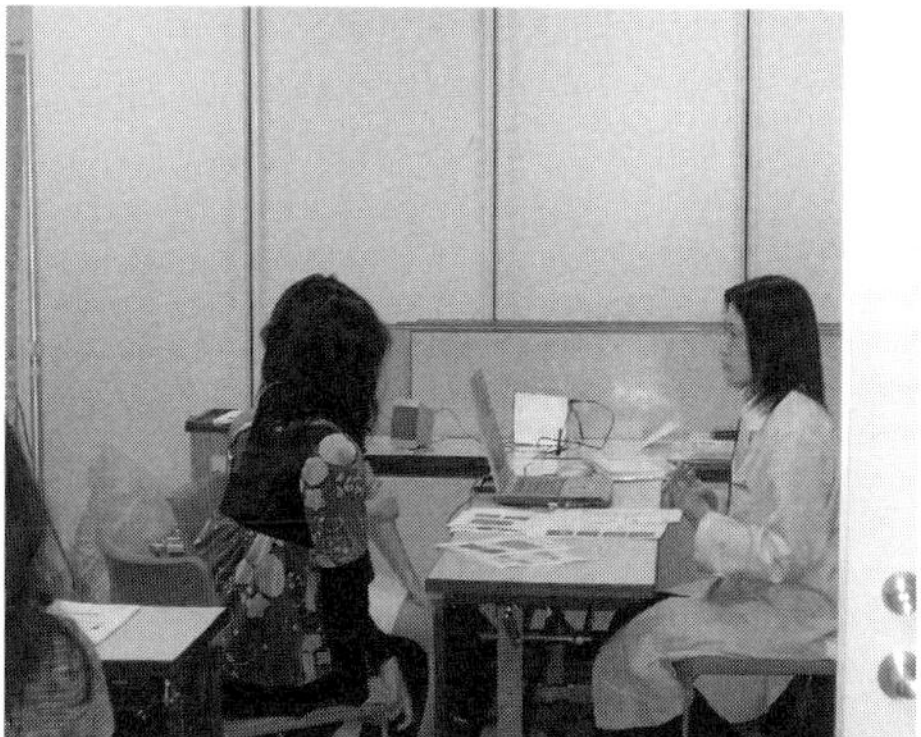

血液サラサラチェック後の生活改善指導。2007年・北海道支社（提供：KDDI 労組）

本部専従職員の系譜

山田耕平は、国際電電労組時代から長期にわたって労組の裏方を支えた名物職員である。NTT労組や情報労連の専従職員たちとの交流範囲も広い。

筆者の願いがかなって会えることになった山田が指定してきたのは、田原龍一郎と同じく、國學院大學の横浜キャンパスであった。近くに自宅があるようで、徒歩でやって来た山田は、「一度中に入ってみたかった」と言って笑った。

歴代委員長以下、本部役員をすぐそばでじっと見てきた山田は、一九五〇年に長崎県対馬市で生まれ、駒澤大学文学部に進学するために上京した。在学中に故郷長崎の社会党国会議員中村重《じゅう》光《こう》（一九一〇～一九九八）のアルバイト秘書として議員会館に通っていたこともあって、卒業後は就職をせずに社会党の都議会選挙活動をしていたが、知人から国際電電労組職員募集の話を聞いて、一九七三年一一月に採用された。

国際電電労組は、一九五三年の結成後から本部専従職員は二～三人体制であり、山田が退職者の補充で採用されたときには二人の女性職員がいて三人体制であった。山田は幅広く実務を担当したが、そのなかにおける大きな任務は機関紙〈国際電電〉の発行であった。この機関紙は、前任者の退職に伴って二か月間停止していたため、「すぐに発行しろ！」と命じられた。

　毎日の事務仕事が終わると、教育宣伝部長と打ち合わせて記事を書くのだが間に合わない。だから、締め切り前日になると、二人で新橋の旅館に泊まり込んで徹夜して仕上げた。こうした締め切り前日の泊まり込みは、以後、毎月続くようになった。

　文章に関してはよく書ける山田だが、割付のノウハウがなく難渋した。苦肉の策として〈夕刊フジ〉を旅館に持ち込んで、割付用紙にトレースしてしのいだ。〈夕刊フジ〉は、当時見開き四ページのタブロイド判で、同じ仕様の機関紙に転用することができる。〈国際電電〉の隠れた生みの親は〈夕刊フジ〉であった。

　機関会議などといった議事録の管理も山田の

國際電々

第一回臨時全国大会終る!!

団結前進!!

夏期斗争に強烈な批判

国際電電労組の機関誌「国際電電」創刊号（1953年８月10日付）

山田耕平。2009年撮影（提供：KDDI労組）

任務であり、とりわけ団体交渉や労使協議では山田自身が記録を取ったから、国際電電労組とKDD労組の歴史における「生き字引」といえる。KDDI労組の結成後も労組本部に勤務し、もう一人を加えた二人体制であった。山田は、KDDI労組初期にそれまで担当してきた機関紙が経費節減と組合員の減少によって不定期発行となったことで、「とても寂しい思いをした」と回想している。

山田は、もう一人の職員が退職すると、補充のために採用された甲地良衣《こうちよしえ》にすべての業務を教え、増強がはじまった職員たちのコーチ役に回った。二〇〇三年に早期退職して、再雇用の契約社員に切り替えて勤務し、二〇一五年に惜しまれながら退職している。

専従職員体制の強化

後藤や吉永が本部役員に入った二〇〇六年から、KDDI労組の専従職員体制の強化がはじまった。現在、KDDI労組の事務や会計の実務を担う職員たちを率いている甲地良衣は、一九八一年、東京・保谷市生まれである。地元の商業高校を卒業後、アパレル二社の経理業務を経て、二〇〇四年にKDDI労組に採用された。知人である公認会計士の紹介であった。

採用後の本部職員の体制は、前述したように山田耕平と甲地の二人体制であったが、甲地は契約職員として採用されていた。なお、各支部の職員については派遣社員を利用してきた。

当初、甲地は役員と職員の隔たりを感じさせる雰囲気のなか、上司であった大西充《みつる》の後をついて回り、山田にいろいろなことを聞きながら仕事をはじめた。本部役員になると、会社ではなく労組が社会労働保険の手続きを行う。このほか、本部や支部から上がってくる各種精算業務、消耗品管理、電通共済生協関係の処理などの仕事を覚えた。

この当時、甲地は二二歳であったが、高校時代に飲食店を営んでいた父親が倒れ、しっかり働くつもりで職業人生をはじめ、転職も経験していたし、ＫＤＤＩ労組でも長く働くつもりだったので、契約職員ではなく正規職員が視野に入っていた。だが、当時の日本では、女性の結婚や出産退職を念頭に置いている企業がまだ多く、一時的・臨時的雇用を前提とした契約社員や派遣社員が重用されていた。初期のＫＤＤＩ労組でも、いくらかその傾向があった。

また、当時はオープンショップでの組織拡大を至上命題としていたため、本部にコストカット志向が渦巻いていたことも見逃すことができない。どうしても、職員を増やさないように、人件費を抑制しようというドライブがかかってしまう。そうだとすれば、オープンショップは職員の職業人生にも影響していたことになる。

契約更新の時期、甲地は委員長との面談になると、「正職員になりたい」という希望が頭をもたげたが、胸中にしまい込んでいた。契約更新を繰り返しながら、黙々と勤務を続けていた甲地の本心に気づいたのは、女性の本部役員への登用を仕掛けていた上口洋典《かみぐちひろのり》であった。「できるだけ長く働きたい」という甲地《こうち》に対して、「そういう制度が必要だな」と即座に答えた。こうして二〇〇八年に甲地は、フルタイムで無期契約の正規職員になった。

この動きに合わせてKDDI労組は、派遣社員を利用していた支部職員たちについても、以後は正規職員の採用へ移行して本部と支部の職員体制を強化し、一時は六人体制となった。これまで本部と支部の担当者の入れ替えや分業があったが、現在は、甲地を筆頭に川本美希、加藤利恵、竹内ちひろ、田中美代子の五人体制となっている。

その後、甲地が出産し、育児休業を取得した際、復帰後の「短時間勤務制度」ができた。だが、本部事務所の仕事は多く、とくに月末は繁忙となってどうしても一日六時間勤務ではこなせない。それを見かねて、二〇一五年に事務局長の春川徹が対応して、「育児フレックスタイム制度」ができた。一方で甲地は、「職員が増えてきたから、きちんと職員の労組をつくることも大切だ」と才木誠吾から助言されている。だが、それはまだ実現していない。

なお、甲地は、何度か山田耕平が本部役員と衝突していたことを記憶している。職員の立場からすればあまり一般的な風景ではないだろう。だが、山田には、役員との関係においては強烈な原体験があった。

国際電電労組時代、自分の意に沿わない意見を聞いた幹部役員から、「お前は別に投票で当選してここにいるわけではないだろう。黙っとけ」と言われた。反骨心に火がついたのは想像に難くない。そんな山田、機関紙づくりを通じて知り合った、他組織の専従職員たちとの交流が心の癒しになったという。

普段はKDDI労組ではおとなしくしている山田だが、要所では直言していた。一方、甲地は、KDDI労組を率いる委員長たちが山田の意見に耳を傾ける姿を何度も見てきた。そのような度量がKDDI労組にはある。長老の山田以降、拡充されてきた専従職員たちも「KDDI労組の財産」として銘記しておかねばなるまい。

ユニオンショップ制の提案

二〇〇〇年の発足以来、オープンショップ制への転換を余儀なくされたKDDI労組は、組織率七〇パーセントを目標に掲げて組織拡大を最優先する活動を続けてきた。二〇〇六年のパワードコムユニオンとの組織合同によって組織率が六〇パーセントを超え、目標達成に接近した。組織率を上昇させたその先に、再びユニオンショップを要求する企図があったのはまちがいない。だが、明確にそれを議論するまでには至っていなかった。

しかし、二〇〇七年に開催された中央委員会では、本社中央支部から「もう一歩のところまで来ているが、ユニオンショップの検討はしないのか。そのためにクリアすべき課題は何か」と、ついにユニオンショップに踏みだす意見が出された。

　ＫＤＤＩ労組の本部役員たちは、それを受けてさまざまな反応を示した。吉永徹也は、本部と支部で意見交換をしたい、もしやるなら会社との議論をしたい、と前向きな姿勢を見せた。一方、才木誠吾は、ユニオンショップに移行したとしても加入しない者から加入同意をとることに変わりはない。つまり、全労働者の確認が必要になると、冷静に釘を刺した。

　上口《かみぐち》洋典《ひろのり》が最後に引き取って、「ユニオンかオープンかということよりも、ＫＤＤＩ労組の活動を未加入者に伝え、賛同者や協力者をいかに増やすかということがもっとも重要だ」と締めくくった。

　これらの発言は、ＫＤＤＩ労組がユニオンショップを肯定しながらも、これまでの組織拡大の苦労や、オープンショップで乗りきってきたという自信が見え隠れしている。たしかに、ユニオンショップ協定は欲しい。だが、もはや安直にユニオンショップに飛びつくほどナイーブではな

2007年開催の第７回中央委員会。ユニオンショップの機運が高まりはじめた

くなっていた。

だが、このときに本部と支部の役員の胸に、「ユニオンショップ」という文字が刻み込まれたのは事実であろう。たとえば、このあとの定期大会や中央委員会では、「一〇〇パーセントの組織率を目指す」という発言が出はじめた。また、二〇〇七年に開催された全国大会では、西日本支部から、春闘に向けて中央本部が保持している妥結権を組合員に帰属させた一票投票による妥結に移行させる、といった提案が飛びだしてきた。

この提案は却下されたが、組織率が上がってきたことで役員たちの自負が大きく高まり、ＫＤＤＩ労組を大きく変える段階にあるという表明が目立ってきた。再度となるユニオンショップへの期待は、徐々に膨らみはじめていたのである。

組織再編と組織拡大

二〇〇六年のパワードコムとの合併など華々しい動きがあったわけだが、ＫＤＤＩ労組はさまざまな組織再編に絡む組織拡大活動を進めてきた。常に会社側が、時の競争環境に応じて子会社の設立や統合を実行するからである。ＫＤＤＩ労組は、子会社の設立を受けて、そこで働く労働者に対して組織化の手を広げた。

パワードコムとの合併があった二年前、つまり二〇〇四年、ＫＤＤＩは情報通信分野のうち、現場で各種設備の設置や保守を行うフィールドサービス業務を強化するために「ＫＤＤＩテクニカルエンジニアリングサービス」（本書では「ＫＤＤＩテクノ」と記す）の設立を発表した。サービス事業別に運用してきた設置保守体制を一元化しようというのである。

ＫＤＤＩ労組は労使協議に入り、出向者の雇用保障と待遇確保、職場環境の整備などを中心に話し合って了承し、二〇〇五年四月、「ＫＤＤＩテクノ」（現・ＫＤＤＩエンジニアリング）が設立された。

ＫＤＤＩ労組は、ＫＤＤＩからの出向者は引き続き組合員として各支部に所属させるとともに、ＫＤＤＩテクノに採用された労働者の組織拡大に乗りだした。その結果、同社の組織拡大は成功し、ＫＤＤＩ労組はこれら二社の会社側と、賃金交渉をはじめとするあらゆる労使交渉を行うようになった。

2005年４月１日、KDDI テクニカルエンジニアリングサービス発足式典（『KDDI 発足10周年社史』23ページより）

二〇〇七年七月時点の組織率は、ＫＤＤＩの労働者が六三・五パーセント、ＫＤＤＩテクノの労働者はそれを上回る七三・三パーセント、新入社員の加入率は、前者約七〇パーセント、後者が一〇〇パーセントであった。以後、さらにKDDIテクノの組織率を高め、現在はKDDI労組五支部のうちの一つとして活動しているので、改めて取り上げることにする。

一方、KDDI労組は、「KDDIネットワーク&ソリューションズ」（本書では「KNSL」と記す）の組織拡大に直面した。KNSLは、当初KDDIのソリューション事業を切り離すことを目的としていたが、二〇〇七年、企画部門は本体に残す一方で、営業部門と衛星電話を含む関連子会社を合わせた設立となった。このソリューション事業の切り離しを危惧したKDDIの未加入者が、大挙してKDDI労組に加入している。

懸命に加入促進をかけても見向きもしなかった労働者たちが、分社化による転籍を連想して我先にと、ろくに話も聞かずに加入してきた。この事実は、業界の特性ゆえ、組織再編のことも含めて熱心に説明してきた役員たちからすれば信じられない現象であっただろう。

その直後、二〇〇八年にKDDIがKNSLを解散させて吸収合併することになると、KDDI労組は、KNSLの労働者たちをターゲットにした積極的な組織拡大活動をはじめた。渡邊拓也や後藤一宏らの本部役員は、張りあいながら加入活動に集中し、続々と加入者を増やしていった。KNSLに関しては一例でしかないが、KDDI労組が変化を続けるといった情勢のなかで、翻弄されながらも組織拡大を続けてきた記録として留めておくべきであろう。

この一件で後藤は、支部時代から胸中にしまっていたこと、つまり、このまま組織拡大活動を最優先させることに対しての疑念を強めることになる。要するに、オープンショップである程度組織率を高めたところで、組織拡大に拘泥《こうでい》することなく、すべての活動を見直することに舵を切るべきと判断しはじめていたのだ。一方、渡邊はまったく別のことを考えていた。

クミジョの発見

ＫＤＤＩ労組は女性組合員の労組活動の参加を促してきたが、当初は低調であった。小澤介士《かたし》委員長の時代には、意識的に女性意見交換会を開催したり、労組のウェブ上に女性専用の窓口を設けて意見集約をしながら、女性支部役員を増員しようと取り組みはじめた。だが、大幅に進展することなく、また女性が本部役員に就任するという例は皆無であった。要するに、ＫＤＤＩ労組はクミジョ（女性組合役員）(10)とは無縁だったのだ。そこで、上口洋典《かみぐちひろのり》が委員長に就任すると、本部役員に女性を加えることを決断し、その候補を探しだすよう後藤一宏に指示した。後藤がさまざまなルートで候補者たちと会いながら、太鼓判を押したのが宮原千枝であった。

宮原千枝には、二〇二〇年三月、國學院大學渋谷キャンパスの経済学部長室で会っている。当初は労組本部を使う予定であったが、春闘が山場という時期で、会議室がふさがっていたために変更した。受け付けで待っていると、管理職になったばかりの宮原が現れた。

一九七〇年に札幌市で生まれた宮原は、両親と七人兄弟という大家族で育ち、地元の高校を卒業したあとは、北海道唯一の女子大学である藤女子大学の英語文化学科へ進学し、ゴルフ部に所属した。札幌での就職を希望し、卒業した一九九二年には、札幌コールセンターを設置したばかりのＤＤＩに入社した。

コールセンターの仕事を続けていた宮原だが、二〇〇〇年の三社合併でコールセンターの再編がはじまった。コールセンターの統合や廃止が相次ぎ、不安感が高まったこともあって、職場の同僚の多くがＫＤＤＩ労組に加入した。だが、説明会で立て板に水のような説明を聞いた宮原は、かえって怪しんでしまって入らなかった。

しかし、最後の一人になると、「長いものに巻

宮原千枝。2008年撮影（提供：KDDI労組）

⑽　労組の女性役員の愛称である。男性役員はクミダン。狭い意味なら女性役員だが、広い意味では、労組の女性職員や女性役員の候補者、ＯＧのほか、労組の調査機関や国際交流機関など関係団体の女性、女性組織内議員など労働界の女性となる。

女性委員会恒例の国会見学。2018年撮影（提供：KDDI 労組）

KDDI 労組の第 1 回女性委員会メンバー。前列左から 2 番目が宮原千枝（提供：情報労連）

かれます」と言って二〇〇六年に組合員になり、当時、北海道を管轄していた本社中央支部の職場委員となった。

宮原は二〇〇七年に東京へ転勤となり、東日本支部の執行委員となったが、実は職場委員とまちがえて引き受けたため、「会社でいうと職場レベルの管理職であるGL（グループリーダー）に相当するのが支部執行委員だ」と聞かされて動揺した。しかも、就任直後の支部の勉強会で、自分の業務担当をうまく答えられなかったり、メモをとっていないことなどを先輩格らしきひげ面の講師になじられて、このおじいさんは誰なんだ、と腹が立ってきた。この講師、情報労連に出向していた杉山豊治《とよじ》であった。

二〇〇八年、上口と面談した宮原は、本部役員の就任を承諾し、選任されると早速、後藤が担当していた女性活動を引き継ぎ、女性委員会の立ちあげや女性職場会の全国展開に動きだした。ＫＤＤＩ労組本部に「クミジョ」が誕生した瞬間である。

女性限定の掲示板を設けると、早速、「男性の同僚たちがタバコ部屋で段取りを決めているけど、どうしたらよいか」という書き込みがあった。それを見た宮原は、「おっ」とつぶやいた。掲示板に遠慮のない回答を返してから、女性活動を強化するために何をすべきかを考えはじめた。その様子を見ていた専従職員の甲地《こうち》良衣は、宮原によって職場だけでなく中央本部の雰囲気も大きく変わりだした、と感じはじめていた。

第2章

大転換
──東日本大震災とユニオンショップ

渡邊拓也委員長へ

二〇一〇年、三年間委員長を務めた上口洋典《かみぐちひろのり》が全国大会で退任し、渡邊拓也が就任した。事務局長には後藤一宏が再任され、「番頭格」であると印象づけられることになった。ＫＤＤ労組出身の上口洋典委員長で歴史が逆戻りしたように見えたが、パワードコムユニオン出身の渡邊が選任されたことで、その流れは再び断たれた。

2010年に開催された第12回全国大会。渡邊が委員長となった（提供：KDDI 労組）

渡邊は、新委員長に選任されたときの挨拶で、「上口《かみぐち》さんがいなかったら今の自分はここにはいない」ときっぱりと言って、バトンをしっかり受け取った。二〇一〇年は「KDDI労組結成一〇周年」にあたり、労組の一区切りと、新しい門出を祝うにあたって絶妙のタイミングであった。

「一〇周年記念」の記念誌に掲載された「一〇年間の軌跡」には、企業再編、組織拡大、統合賃金人事制度、会社株式の購入、労組ビジョン、組合費の改定、メンタルヘルス対策、健康フェスタ、全社安全衛生委員会、女性本部役員、連合派遣などが書き込まれている。

「10年の軌跡」の記念誌（提供：KDDI労組）

労組結成時のスローガンは、「私たちのちからを結集し、二一世紀に飛躍する新生KDDI労組を創造しよう」であり、ある意味紋切り型であったが、二〇一〇年のそれは、「笑顔が溢れる会社、ゆとりと豊かさを感じる社会をめざそう」になり、「会社」や「社会」という言葉で労組の役割を表現するといった妙があるほか、「笑顔」という分かりやすい言葉に力を感じてしまう。

渡邊は、KDDI労組や情報労連の関係者からも、「政治家になったほうがよかった」と評されることが多い。甚だしく明るい性格や、舌を巻くほど話がうまく、相手の笑顔を誘うような調子のよさなどから、「ぜひ、組織内議員へ」という話があったほどである。その能力は、ＫＤＤＩ労組関係者の結婚式に招待されたときのスピーチで存分に発揮され、強烈な印象を残している。二〇一二年に結婚した甲地《こうち》良衣も、熱烈なスピーチで祝福された一人である（一三六ページ参照）。

　そんな渡邊、委員長になってからはもっぱら本部の委員長室にこもっていたが、毎日昼時になると、「メシっ！」という大声とともに飛びだしてくる。知る人ぞ知ることだが、ＫＤＤＩ労組の本部事務所は静寂に満ちている。役員たちはパソコンに向かって、無言で黙々と仕事をするハードワーカーたちで知られている。残業

KDDI 労組中央本部委員長室（提供：KDDI 労組）

が多く、食事すらも滞りがちな役員たちへ、「休憩くらいしろよ」とか「昼飯くらいちゃんと食え」と言って、昼食に誘いだしている。渡邊流の行動様式である。

渡邊は、自ら委員長室を「隔離部屋」と呼んでいる。「うるさい委員長が騒音を出してみんなの仕事の邪魔をしないように、壁と扉を設けたのが委員長室だ」と言い放つ。それを受けて、「委員長、むやみに出てこないでください」と言う役員まで出てきた。そんな冗談が言える委員長は渡邊だけだ、とすぐに評判になったが、静寂な本部事務所が徐々に変わってきたことを示している。

春川徹の心を動かす

渡邊委員長が誕生したかたわらに、もう一人重要な人物がいる。西日本支部から本部入りしている春川徹である。春川とは、出向中の情報労連本部の書記長室で話を聞くことができた。

一九七三年に生まれた春川は新潟県柏崎市の出身で、中学生のときに名古屋市に転居して以来、その地で育った。市内の高校を卒業後、南山大学の経済学部へ進学した。大学卒業後、一九九五年にテレウェイに入社し、名古屋支社の法人営業の仕事をはじめた。大学時代にはアメリカンフットボール部に所属していたが、入社後も続け、取引先であるトヨタ自動車のチームにも入るほどアメフトにのめり込んだ。

一九九八年にテレウェイが国際電電と合併し、ユニオンショップ協定で組合員になると、すぐにKDD労組の近畿東海支部の職場委員になった。大学では労働経済学のゼミに所属していたから、あまり違和感はなかった。二〇〇〇年にKDDI労組になると西日本支部の職場委員、二〇〇六年には執行委員となり、中部分会ができてからは分会長を務めて頭角を現した。

この間、春川は名古屋勤務であり、もちろん、三社合併後にオープンショップとなってからの組織拡大では汗をかいた。名古屋地区では、合併の一年前からDDIとKDDが同一事務所で共同営業を開始していたから、地縁を活かして好機を逃さず、組織拡大で成果を上げていった。春川のオルグ能力は、のちに奇跡を起こすことになる。

西日本支部にいる春川に渡邊が目をつけ、二〇一〇年四月、全国大会を視野に入れて、本部役員への就任を打診してきた。春川に会った渡邊は、普段より大きめの熱量でKDDI労組の将来を語り、「ぜひ、一緒にやろう」と誘った。

2010年に本部役員に選任された時に挨拶する春川徹（提供：KDDI労組）

「組織拡大については組織率一〇〇パーセントを明確な方針とする」と渡邊が言ったのを聞いた春川は、再度ユニオンショップ協定を狙っていると察して驚いたが、それは現実的ではないとも思った。しかし、渡邊が「会社を楽しむミッション」と呼ぶ、今後の労組の取り組み方針は明快かつ詳細で、しかも思い付きではなく、すでに練られた文書になっていた。だから、春川は心を動かされた。

とはいえ、春川は迷っていた。労組の活動は大切で、努力を傾けてきたが、役員でいる期間が長すぎるとも思えた。それに、妻と娘たちのいる名古屋を離れて単身赴任で上京することになる。このため春川は、きっぱりと渡邊に本部役員への就任を断った。絶対に引き受けるはず、と踏んでいた渡邊は、「とても信じられない」という表情で、「そうなのか……」とつぶやいて、潔く「じゃあ、またな」と言って帰っていった。

五月になった。家族からせっつかれた春川は、KDDI労組のUSJイベントに応募した（一二〇ページ参照）。大好評で、組合員たちが楽しみにしているイベントのため、応募者多数で抽選となったほか、初めての応募者には優先順位をつけるほどであった。支部役員を続けてきた春川は、役員が優先順位から外れることを知っていたので結果は見えていた。

ところが、当選してしまった。これはやられたなー、と感じた。家族と一緒にUSJに到着すると、集合場所には笑顔の渡邊が待ち構えていて、手招きをしていた。もちろん、本部役員のことに関してはひと言もなかった。

イベントに参加した春川は、本部役員が苦労して企画した素晴らしいイベントを家族と堪能しながら、労組の力を実感していた。イベントが終わり、名古屋に帰る車中、「実は、こういう単身赴任の話があるんだけど……」と妻に切りだし、了解を取るやいなや、すぐに渡邊に連絡を入れた。

これまでＫＤＤＩ労組は、将来の幹部候補と目した人材に声をかけてスカウトし、労組内で育ててきた。その一例となるわけだが、かつて杉山豊治《とよじ》は上口洋典《かみぐちひろのり》や才木誠吾の能力を全開させている。そして、この二人が優れた支部役員たちを輩出させている。

渡邊は、国際電電労組時代から続けられてきたこの流儀を見逃さなかった。未加入者への加入促進を至上命題としていたＫＤＤＩ労組では、その伝統は労組の存亡にかかわる必須の条件であった。

ＫＤＤＩエンジニアリング支部の発足

ＫＤＤＩ労組に加入するＫＤＤＩテクノの組合員は、東日本、西日本、本社中央の各支部に分属していた。だが、ＫＤＤＩ労組では支部組織を改編し、独自にＫＤＤＩテクノの組合員を支部化するという機運が高まりはじめていた。各支部の組合員が増加してきたため、一支部当たりの職場対応を勘案して、三支部から五〜六支部程度に増やそうというのである。

ＫＤＤＩテクノもオープンショップ制であるが、組織率は約八〇パーセントとＫＤＤＩの組織率より高かった。また、すでに東日本、西日本支部にはＫＤＤＩテクノ分会が設置されていて活動を続けており、力をつけてきたことが重視された。

改めて考えればＫＤＤＩ労組は、いわゆる戦略子会社とはいえ、別会社の労働者が加入している点でもユニークな組織である。ＫＤＤＩ労組が二つの会社と労使交渉を行い、各種の労使協定を結ぶ。労組の組織に、混在する二社の組合員が同じ支部でともに活動を行っているのだ。

本来は別々の労組であってもよい組織が単一組織になっていることのメリットは、実質的には子会社の労組が、子会社のみならず親会社と交渉する構図になるという不利を、親会社の労組が主体となって両社と交渉して減じることである。

だが、このアクロバティックな手法は、よほど連携がうまくいかないと、親会社と子会社の論理が減じきれず、子会社のほうが埋もれてしまうという危惧が生じることもある。そうなると、両社に勤務する組合員の間に心理的な溝が生じかねない。ＫＤＤＩテクノ支部の結成の動きには、こうした危惧も契機の一つとなっている。確かなのは、支部の結成はＫＤＤＩテクノに勤める労働者たちの願いであったということだ。その中心に、細川泰幸がいた（一七ページ参照）。

細川は香川県丸亀市の出身で、地元で育ち、詫間電波工業高等専門学校を卒業して南海電設に就職し、関西で勤務していた。二〇〇七年にＫＤＤＩテクノへ転職し、直後にＫＤＤＩ労組に加入した。南海電設には労組がなかったので、初めての労組活動となった。二〇〇八年には東日本支部テクノ分会の執行委員となり、東日本支部長の尾崎勝政（一六九ページ参照）に鍛えられた。

ほとんど労組経験のないＫＤＤＩテクノの労働者が、活動を通じて労組の理解を深めると、自分たちの要求を自分たちでまとめることの意義と責任感を感じるようになった。そんななか、春闘で両社の業績と労組の要求で不均衡を感じた細川らＫＤＤＩテクノの役員とＫＤＤＩ本部との間で徹底的な議論が重ねられた。このために要求額と妥結額が変わり、細川らは手応えを感じるとともに、支部のＫＤＤＩテクノの組合員から大きな支持を受けた。次第にＫＤＤＩテクノの職場から支部化を求める声が上がりはじめ、支部化への動きを決定づけた。

ＫＤＤＩ労組の動きも早く、本部では松井一浩が支部結成の担当者になり、支部化に向けた準備に入った。二〇〇九年、細川は東日本支部の副支部長に抜擢され、執行委員のマネジメントや本部との連携について経験を積むことになった。西日本支部でも、ＫＤＤＩテクノの執行委員である北條幸徳が副支部長に就任し、ノウハウの取得に努めはじめた。

二〇一〇年七月、ＫＤＤＩ労組は本部とＫＤＤＩテクノ分会の執行委員で「ＫＤＤＩテクノ支部準備委員会」を立ちあげ、支部の運営や大会代議員の選出基準に関する検討をはじめた。実質的な準備を終えたと判断し、最終的な詰めに入ったわけである。

二〇一〇年九月二二日、結成大会が開催され、支部長に細川泰幸、事務局長に青木誉浩《たかひろ》、副支部長に安齋博史と佐藤宗紀が任命されたほか、支部役員一三人を選出して、組合員六二四人でKDDIテクノ支部が発足した。組合員が中心となって、「より良い会社を作る」という活動スローガンを採択し、新たな船出を飾った。

各支部から独立した形になるKDDIテクノ支部はKDDI労組初の全国管轄支部であり、広域をつなぐ活動でこれまでの二倍の努力が必要だ、と細川は決心を固めた。これで、KDDI労組は四支部制となった。

KDDIテクノ支部は、二〇一二年に会社の名称変更によりKDDIエンジニアリング支部となった。この支部の結成は、のちに同様の経緯から、KMO支部（KDDIまとめてオフィス支部）を発足させて、KDDI労組が五支部制を実現する布石ともなった。

KDDI－テクノ支部スタート

明るい職場築くため一歩づつ堅実に踏み出す

支部長　細川泰幸

細川支部長

9月22日に開催されたKDDI－テクノ支部結成大会において、全ての議案が承認されたことにより、KDDI労働組合にKDDI－テクノ支部が新たに誕生しました。

初年度におけるKDDI－テクノ支部の執行役員総数は13名となり、支部のブレインである安齋、佐藤副支部長をはじめ、行動力と若さ溢れる青木事務局長を支部三役とし、KDDI－テクノ支部としての一歩を踏み出しました。

KDDI－テクノ支部は、現在、組合員総数615名、組織率に至っては82・3％、KDDI労働組合において初の全国区を管轄する支部となります。活動の地域は幅広くなりますが小回りの効く支部体制を早急に確固たるものとし、高い組織率と、全国に広がる組合員の広域ネットワークを利用した幅広い意見の収集など、職場を主軸とした活動に努めます。

また、助け合い、支え合い、そして出会いを大切にし、KDDI－テクノの明るい未来、明るい職場を築いていくためにも、テクノ支部執行委員一同、組合員の代表である事を常に考え、より自覚と責任感、使命感を持ち、組合員にとって頼りがいのある、そして一番身近な存在となるよう行動していきます。

しかし、組合活動における主役は執行部ではなく組合員一人一人です。皆さんの貴重なご意見がテクノ支部の活動を支えていくといっても過言ではありません。

支部設立に至った大きな事由である「KDDI－テクノ組合員が中心となって、よりよい会社をつくろう！」を信念に、今後至らない点も多々ありますが、皆さんと一緒に活動、成長しながら今後一歩、一歩を着実に、そして確実に踏み出して行きたいと思います。

引き続き、組合活動への積極的なご参加とご協力をお願いします。

KDDI－テクノ支部結成大会（9.22）

近藤執行委員　青木事務局長　佐藤副支部長　安齋副支部長
岡倉執行委員　石川執行委員　黒瀬執行委員　渋谷執行委員
北條執行委員　金谷執行委員　小西執行委員　鈴木執行委員

KDDIテクノ支部の結成大会を報じる機関紙。2010年10月20日付（提供：KDDI労組）

結成一〇周年

前述したように、二〇一〇年一〇月、ＫＤＤＩ労組は結成一〇周年を迎えた。二〇一一年二月一八日に開催された中央委員会の委員長挨拶において渡邊拓也は、会社側が同年一〇月に行った「ＫＤＤＩ発足一〇周年記念式典」で発表した「KDDI2020年ビジョン」に触れた。

稲盛和夫、豊田章一郎ら役員をはじめとして一〇〇〇人以上集まったこの席において、既存事業の再構築と世界規模の事業展開によって、「もっと身近に！　もっとグローバルへ！　もっといろいろな価値を！」へのコミットメントのもと世界中に笑顔を

KDDI 発足10周年記念式典（『KDDI 発足10周年社史』口絵より）

届ける、と宣言されている。

このビジョンに共感するという渡邊は、「労組は、組合員が安心して働ける環境を盤石なものしなければ達成は困難だ」と述べている。「KDDI2020年ビジョン」に「笑顔」というキーワードが入っているから、渡邊が共感するのは当然である。すでに見たように、会社のビジョンに先立ち、KDDI労組はスローガンに「笑顔」を盛り込んでいたという自負があった。

この日は、「KDDI労組結成一〇周年記念感謝の集い」が予定されていた。このため、中央委員会では、本部から後藤一宏ら二人、各支部から六人の合計八人で毎週のように記念事業の準備を重ねてきた。記念事業の準備委員会のメンバーが紹介された。東日本支部の吉永徹也、西日本支部の登尾《のぼりお》直樹らが起立して拍手に包まれた。

中央委員会の終了後、「KDDI労組結成一〇周年記念感謝の集い」に移り、招かれた労組OB・OG、情報労連の幹部、KDDIおよびKDDIテクノの両社長などが加わったうえで、渡邊の歓迎挨拶で幕を開けた。結成以来一〇年間の取り組みを振り返る映像が流れると、会場から大きな歓声が上がった。

この会では、KDDI労組は今後の活動の活性化に向けて取り組むことを誓い、「より良い会社を作る」という労組ビジョンに加えて、現在も多用されている「つながる仲間、広がる笑顔」を中心に据えた行動理念である「KDDI労働組合2011宣言」を確認している。

表２－１　KDDI 労働組合2011宣言、「つながる仲間、広がる笑顔」

KDDI 労働組合は、結成10周年を迎えました。

この10年間で通信技術は大きく進歩し、私たちは様々なコミュニケーションの手段を手にすることができました。
そして、いつでもどこでもコミュニケーションを取ることができるようになりました。

しかし、それだけで十分と言えるのでしょうか。手段や方法が進化しても、変わってはいけないものがあるのではないかと、私たちは思います。

私たちの仕事は、人と人の間を、気持ちと気持ちの間をつなぐことです。これまでも、これからも。

つないだ先にあったらいいなと思うもの、変わって欲しくはないなと思うもの、変えてはいけないなと思うもの、

それは、コミュニケーションから生まれる「笑顔」。

すべてはその「笑顔」のために私たちは目指します。

「つながる仲間、広がる笑顔」を。

KDDI 労組結成10周年記念感謝の集い（提供：KDDI 労組）

前震

二〇一一年三月九日の一一時四五分、三陸沖を震源地とするマグニチュード7.3の地震が発生し、宮城県などで震度5弱、岩手県では一メートルの津波が観測された。福島県の各地でも大きく揺れた。そして、翌日の三月一〇日にも同じ震源域で地震が起こった。

三月一〇日の夕方、本部事務所を出た後藤一宏は、故郷の宮城県気仙沼市に住む両親に電話をしてみた。元漁師で、後藤が国際電電に就職するときにも少なからず影響を与えた父親が電話に出た。

後藤の少年時代に時計を戻してみよう。漁師の父親は、いったん漁に出ると一年近く家を離れることになる。次に帰港したときには、一学年上になっている。だから、子ども時代の父親に対する思い出といえば、遠方の洋上にいる父との国際電話であった。

小学校高学年頃までは、短波で海面と電離層(1)を反射させて通話する、トランシーバーのような仕組みの国際無線電話サービスであった。家庭用の電話から船に電話をかけるのだが、会話は同時にできず、自分の話が終わると「どうぞ」と合図する片方向通話になる。だが、見る見るうち

郵便はがき

料金受取人払郵便

新宿北局承認

6524

差出有効期間
2024年3月
31日まで

有効期限が
切れましたら
切手をはって
お出し下さい

169-8790

260

東京都新宿区西早稲田
3—16—28

株式会社 **新評論**
SBC(新評論ブッククラブ)事業部 行

お名前	年齢	SBC 会員番号 L 番
ご住所 〒 — TEL		
ご職業 E-maill		
●本書をお求めの書店名（またはよく行く書店名） 書店名		
●新刊案内のご希望 □ ある □ ない		

SBC(新評論ブッククラブ)のご案内
会員は送料無料！各種特典あり！詳細は裏面に

SBC(新評論ブッククラブ) 入会申込書	※✓印をお付け下さい。 → SBCに 入会する□

読者アンケートハガキ

●このたびは新評論の出版物をお買い上げ頂き、ありがとうございました。今後の編集の参考にするために、以下の設問にお答えいただければ幸いです。ご協力を宜しくお願い致します。

本のタイトル

●この本をお読みになったご意見・ご感想、小社の出版物に対するご意見をお聞かせ下さい
（小社、PR誌「新評論」およびホームページに掲載させて頂く場合もございます。予めご了承ください）

●**購入申込書**（小社刊行物のご注文にご利用下さい。その際書店名を必ずご記入下さい）

書名　冊

書名　冊

●**ご指定の書店名**

書店名　都道府県　市区郡町

に通信技術が向上していった。

船内で通信長を務めていた父親は、ある日、「気仙沼に停泊している船から新しい通信システムのテストで自宅にかけてみるから、お前が出てみろ」と言った。言われたとおりに後藤が電話に出ると、現在の電話のように双方向の通話ができるようになっていて驚いた。父親から、「これは、船から宇宙に打ち上げられた電波がインマルサット衛星（一二三ページを参照）に行き、それを山口県にある国際電電の衛星通信所が受信して、そこから気仙沼へ伝達されているんだよ」と言われてもっと驚いたという。

こんな思い出のある父親は、電話の声で判断するところ、すでに晩酌がはじまっているようでご機嫌だった。「地震があったけど大丈夫だよ。それに、何かあったらお前のところに住むから」と、普段言わないことまで口にした。後藤は一瞬不思議な感じがしたが、「そんな災害が出たら、宮城県が立派な仮設住宅を建ててくれるから心配ないよ」と受け流したところで母親に代わってもらい、地下鉄飯田橋駅の入り口で電話を切った。

（1）大気の上層には、紫外線やX線などが吸収され、イオンと電子に分かれた電離層（電離圏）がある。電離層は電波を反射する性質があり、短波を電離層と地表や海面と反射させながら遠方へ送るという短波通信システムが確立された。

東日本大地震にかぎらず、本震後に起こる余震がよく話題になり、現在でもその余震が続いている。実は、本震には大きなサインとなる前震があるのだ。後藤が気になって電話をしたその地震は、まさに前震であった。

三月一〇日に発行された機関紙〈ＫＤＤＩ労働組合〉の一面を飾ったのは、顔写真入りの後藤のインタビュー記事であった。誌面の後藤は、結成一〇年を意識して、「次の一〇年に向かって笑顔で力強く」と春闘要求内容を解説し、「満額回答の引き出しに全力を尽くす」と締めくくっている。

だが、この号、大震災を考慮して職場には配布されない幻の機関紙となった。

KDDI
KDDI Workers Union
2011年春闘は節目の闘い
次の10年に向って笑顔で力強く
会社に対し、要求の正当性と組合員の頑張りに理解求める
争議権を高率で確立
闘う態勢は万全!

東日本大震災で配布されなかった幻の機関誌「KDDI 労働組合」2011年3月10日付

東日本大震災

二〇一一年三月一一日、一四時四六分、三陸沖を震源とする地震が発生した。マグニチュード

9.0、観測史上、日本最大規模の地震であった。

ＫＤＤＩエボルバの藤本孝幸（のちに西日本支部長）は、朝から京都市内の量販店を営業車で巡回していた。午後も営業を続けていたところで地震が発生したが、車に乗っていたので全然気づかなかった。イオンに到着後、店に入るなり地震の話題でもち切りになっていた。「東北の地震で、ここも結構揺れましたよ」と言われて驚いた。

阪神淡路大震災のときには三歳児であった村田唯（のちに本部役員）は、大学生になってから奈良市内のセブンイレブンでアルバイトをしていた。突然めまいを感じて、気分が悪くなって座り込みそうになった。同じく、店内のバイト仲間もめまいがすると言ったので、変だと思った。地震と気づかなかったのは、小さな揺れがとても長く続いたからである。

西日本副支部長当時の藤本孝幸。2016年撮影（提供：KDDI 労組）

早稲田大学でライフセービングサークルに入っていた大学生の小川原《おがわら》亮（のちに本部役員）は、静岡県の伊豆弓ヶ浜で三月一〇日から二泊三日の人命救助の合宿に入っていた。地震発生のときは、ウエットスーツを着用して海中にいた。「地震が来ているようだから一回上がるぞ」と、誰かが叫んだ。津波の心配もあって高台へ避難した。そして、車に乗り込んで帰宅を急いだが、東名高速道路がストップしていて移動ができない。民宿に無理を言って、ギュウギュウ詰めで全員を泊めてもらい、コンビニでようやく見つけた少量のパンを分けあった。

小川原亮（提供：KDDI 労組）

都内営業に出ていた井澤大輔は（のちにKMO支部事務局長）は、都営新宿線に乗っていた。曙橋駅を出て新宿三丁目に向かっていたが、電車が急停止して車内が真っ暗になった。それから一時間近く缶詰状態となってから、ようやく「新宿三丁目駅まで動かします」というアナウンスがあった。駅構内のあちこちが壊れているのを見て、地上に上がるときに『ドラゴンヘッド』(2)というマンガを思い出して不安になった。徒歩で会社に戻り、翌日になってから帰宅した。

「GAT」（飯田橋ガーデンエアタワー）の高層階でau開発部門にいた大野敦史（のちに本社中央支部長）は、パソコンの前でデスクワークの最中に大きな揺れを感じ、とっさに机の下に潜るともに小学生時代の避難訓練を思い出した。だが、揺れは増幅されるばかりで一向に収まらない。思考回路が止まった。

夕方になると大野は、上司から「同じ方角の二人以上で帰宅しろ」という指示を受けた。先輩社員とともに階段でようやく地上に降り、延々と歩くことになる岐路に就いた。

同じころ、ＫＤＤＩ労組本部の総務部長である宮原千枝と職員の甲地《こうち》良衣は、連れ立って飯田橋のＧＡＴを出て新宿方面へと向かっていた。途中、歩道橋などで足止めをされたりしながら

（２）望月峯太郎の作品で〈週刊ヤングマガジン〉（講談社）に連載されていた。二〇〇二年に映画化された。修学旅行で新幹線乗車中に発生した大地震で、トンネル脱線事故に巻き込まれた中学生たちが遭遇する極限状態を描いている。

大野敦史（提供：KDDI 労組）

東日本支部執行委員の井澤大輔。2017年撮影（提供：KDDI 労組）

新宿で分かれ、甲地《こうち》は六時間後ようやく自宅に到着した。

ＫＤＤＩ労組本部では、春川徹がテレビ会議システムのある別のビルへ移って、地方で執行委員会を開催している東日本支部のメンバーと会議をしていたところで揺れがはじまった。東日本支部の役員たちは、そのとき宮城県仙台市にいたのである。

東日本支部＠仙台

東日本支部は、月次開催の執行委員会のうち、一年に一回は現地交流を兼ねて支部内の地方で開催することを慣例としていた。このときは、東日本支部長の尾崎勝政が二三人の役員を率いて、仙台にある支社の最上階（一四階）にある会議室で一三時から執行委員会を開いていた。執行委員たちのなかには、本部役員の経験がある吉永徹也、のちに本部役員となる浦早苗と長谷川強《つよし》らが入っていた。

尾崎は一九七一年生まれの高知県出身で、高知工業高等専門学校を卒業後に国際電電へ入社した。技術系であり、栃木県小山市の勤務となって、国際通信機器の保守という仕事からはじめた。二〇〇六年に東日本支部の役員となり、副支部長を経て二〇〇八年から支部長に就任した。

職場でも支部でも上口洋典《かみぐちひろのり》が上司であり、その配下にいた尾崎は、上口が委員長になると東北を中心に率先して職場を回り、徹底的に東日本支部での組織拡大活動に集中した。

一方、長谷川は一九七五年生まれの千葉市出身で、地元で育った。東洋大学経済学部を卒業して入社したのはTTNetで、東京都内に勤務して、固定電話の法人営業を担当した。

TTNetがパワードコムになり、別会社に出向していた二〇〇六年にKDDIと合併した。帰任してからは、auの移動体電話の法人営業を経て、コールセンター部門に転じた。労組では東日本支部に所属し、二〇〇九年に執行委員になっていた。

仙台にいた役員たちが春川からの指示を聞きながら、新入社員への労組説明会で行う加入活動のロールプレイに入っていたときに揺れがは

情報労連の春闘集会（2019年）に登壇した長谷川強（提供：情報労連）

東日本支部当時の尾崎勝政。2009年撮影（提供：KDDI 労組）

じまった。「どうしましたか?」という春川の声が聞こえてきたが、時間差で東京にいる春川のほうが揺れている状態が見えた。地震は収まる気配がなく、免震構造のビルであるにもかかわらず、信じられないような揺れになっていく。もう執行委員会どころではない。のちに尾崎は、震度6であったことを知る。

いったん収まったと判断した尾崎は、全員で避難をはじめ、各人の確認に入った。非専従者たちの集団だから、仕事の事情に応じて市内宿泊や日帰りなどとそれぞれ予定が異なっていたが、例外を除いて同一行動を指示した。

当初は被災したビルの廊下に集まっていたが、別の会議室に移動して、夜まで避難先を探していた。東北総支社長から連絡が入り、仙台テクニカルセンターへ徒歩で向かうことになった。到着したのは日付が変わる直前である。幸いにも自家発電のビルで、電気・ガス・水道が通常状態であったため、テレビで石巻の火災や津波の映像を見て役員たちは震撼した。

東京にいる本部の副事務局長である松井一浩から、「そこにいるだけじゃなくて、全国から応援が行く前に現地で手伝えることはすべてやれ!」という指示が入った。東日本支部の役員の多くは、通信システムの運用や保守の技術者たちである。そのなかに、のちに東日本支部長になる大谷辰也がいた。

大谷は一九七六年生まれ、埼玉県川口市の出身である。埼玉県立川口高校電子科を卒業して

TTNetに入社し、大宮での勤務となって、通信設備の保守という仕事をはじめた。パワードコムユニオンの執行委員であったときにＫＤＤＩとの合併となってＫＤＤＩ労組に加入したが、合併直後はいったん執行委員を退任していた。だが、二〇一〇年、周囲に推されて東日本支部の執行委員に就任していた。

尾崎や吉永が各人の割り振りなどの段取りを決め、早速、各人が散っていった。設備保守の現場経験が豊富な大谷は、現地の復旧作業調整の助勢に回った。一方、吉永は、システム故障の監視業務経験を活かして災害対策本部に入った。

夜になると再び集合し、現地出身の支部役員が倒壊した自宅から引っ張りだしてきた炊飯器で米を炊き、自家製の梅干しで夕食とした。大谷らがコンビニで調達していた食料や酒も口にしたが、絶望感と緊張感でまったく酔えない。口に入れたものがキャットフードであることに気づいた吉永が、「こりゃ淡白な味で、まるで入院食だなー」とつぶやいた。

大谷辰也（提供：KDDI労組）

帰京

車座のなかで、多少無理をしてでもそろそろ仙台を後にしよう、と胸中で決断した尾崎勝政は、帰京する方法を探していた。自身を含めて非専従である役員たちは、それぞれの職場に戻って、全力で震災後の対応に当らねばならないからである。続々と集まる情報のなかで尾崎が目を付けたのは、山形では翌日の午後からインフラの復旧があるという情報であった。

尾崎は、即座に翌朝の山形への移動を指示した。夜が明けて、昨日知り合った現地の人たちに「今日の作業は何時からはじめますか?」と問われた吉永は、後ろ髪を引かれる思いで、「我々は、自分たちの持ち場に戻るために動きます」と告げた。

帰京を決めた東日本支部の役員たちが四台のタクシーで山形に到着すると、期待していた山形新幹線は不通であった。山形に来れば何とかなるという目算は外れ、また協議がはじまった。秋田に行き、空路で帰京するという案も出たが、最終的には新潟へ向かうことにした。

バス会社に連絡したうえで移動するつもりであったが整わず、タクシーも不足していたために手配が難しかった。翌日、山形駅前で四台のタクシーを確保することができたが、ようやく見つけたタクシー側が手強かった。山形から新潟までという走行は前例がなく、メーターによる料金では高額になるため、定額なのか一人当たりの単価なのかなど、料金の決め方をめぐってなかなか折り合いがつかなかったのだ。粘り強く交渉してその事態を打開したのは、副支部長の浦早苗であった。

春川徹と同じく情報労連へ出向中であった浦に会ったのは、情報労連本部の書記長室である。開口一番、ランベンダーで有名な「北海道上川郡美瑛町の出身です」と言った。小樽商科大学を卒業後、三社合併直後の第一期生としてKDDIに入社し、札幌市にある北海道支店の営業部に配属され、主に営業事務を担当した。のちに北海道内で営業担当となり、二〇〇四年に東京のコールセンターの管理部門に転勤してきた。この間、入社時の一般職から、地域総合職を経て総合職に移っている。

入社直後に勧誘されてKDDI労組に加入し、本社中央支部に所属した。北海道支店は旧DDIの労働者が多数であり、当初は新入社員の浦だけが組合員であったが、徐々に加入が進んでいった。東京に転勤してからは東日本支部に所属していたが、二〇〇八年に執行委員になった。

浦早苗。2018年撮影（提供：KDDI労組）

そのきっかけは、会社主催の富士山植林ボランティア活動の際、現地において渡邊拓也と宮原千枝に出会ったことである。労組役員に関心を寄せていたこともあって、浦は副支部長に就任した。

すったもんだの末、東日本支部役員の一行はタクシーで新潟に入り、東京行きの上越新幹線へ乗り込んだ。夕方、東京駅に到着した吉永が職場に向かう前に労組本部を訪れると、日曜日であったが委員長の渡邊らが詰めていた。渡邊の第一声は、「よく帰って来れたなあ」であった。

ＫＤＤＩエンジニアリング部隊がスクランブル発進

被災地では、電気、ガス、水道などのインフラが停止した状態であるうえに電波も止まっているから通信ができなかった。つまり、非常事態だというのに携帯電話が使えないということだ。そのため、通信各社は直ちに対策をとっている。ＫＤＤＩエンジニアリングでは、迅速に、東北において次々と車載型基地局(3)の派遣をはじめた。文字どおり、非常時に基地局が開設できる機能を搭載した車が現地に向かう。そのなかには、佐藤宗紀や永渕達也たちがいた。

佐藤宗紀に会うために筆者は、ＫＤＤＩエンジニアリングの本社がある新宿文化クイントビルを訪問した。佐藤は広島県の出身である。一九七九年生まれで、二〇〇七年にＫＤＤＩエンジニアリングの前身企業であるＫＤＤＩテクノに入社した。広島工業大学経営工学部を卒業後、家業であるカキの養殖業から転職して広島に勤務し、基地局の保守という仕事をはじめた。二〇〇九年から、ＫＤＤＩ労組西日本支部の執行委員を務めている。

「被災地に通話ができるエリアをつくれ！」と命令された佐藤は、直ちに同僚たちとともに広島を後にした。移動基地局車に電源装置を積載した移動電源車を加えて、八人のチームで発進し、金沢テクニカルセンターで一時休憩してから、新潟を経由して仙台テクニカルセンターへと向かった。緊急車両として走行しているのだが、高速道路の路面がどんどん悪化していく。だが、通行できないわけではないので夜を徹して突き進んでいく。

佐藤宗紀。2010年撮影（提供：KDDI労組）

（３）通信に必要な設備が搭載され、移動して目的地でアンテナを立てて基地局を開設する車。通常は、近隣のネットワークセンターと接続して通信を確保するが、災害時などは人工衛星を介した衛星通信に切り替えることができる。

仙台に到着すると不通エリアだらけであることを知り、被災各地へ向かう。佐藤が担当したのは気仙沼であった。携帯電話が使えないため、衛星通信電話（イリジウム電話）を頼りに連携をとり、通信エリアを増やしていく。現地に一週間留まって作業を行ったあと、別のチームと交代した。

福岡テクニカルセンターに勤務していた永渕達也も、地震が発生した夕方にスクランブル発進している。

一九八七年に生まれた永渕は、福岡県うきは市の出身である。二〇〇八年、久留米工業高等専門学校を卒業してＫＤＤＩテクノへ入社し、固定通信関係の設備の保守と運用を担当した。新入社員向けの労組説明会でＫＤＤＩ労組に加入して西日本支部に所属したが、まだ支部役員の経験はなかった。

永渕は福岡市で勤務していたため、体感で地震を知ったわけではない。最初に異変に気づいたのは、北海道向けの回線が切れたことを示す警報がパソコン画面に映ったからである。次々に赤化していく画面から室内で常時放映されているＮＨ

移動基地車（提供：KDDI 労組）

イリジウム電話（提供：KDDI 労組）

K放送に目を移して、大規模地震が発生したことを知った。

「お前も行け！」と命じられた永渕は、すぐに準備に入った。

夕方になると、移動基地局車、移動電源車、現地移動用のレンタカー三台に乗り込む一〇人のチームが福岡を後にして、三月一三日の夕方に仙台に到着した。立ち食いそば店を見つけて入ると、永渕たちが最後の客となり、売り切れ閉店となった。

その日は、作戦を練りながら車中泊となった。翌日にはホテルを見つけたが、インフラが停止しているために素泊まりであるうえに少人数という制限があった。残りのメンバーは移動基地局車に泊まった。「基地局の中は暖かかった」と言って、永渕が筆者に向かって笑った。

翌日から、石巻や女川などへ、通信エリアづくりに奔走した。その傍ら、永渕は基地局の発電に必要な燃料を集めるために東北各地を回った。一週間後、福岡に戻った永渕は、真っ先に風呂場に向かい、テカテカに固まった髪に何度もシャンプーをふりかけて洗ったという。

永渕達也（提供：KDDI 労組）

気仙沼へ

ＫＤＤＩ労組事務局長の後藤一宏は、地震発生時、労組本部にいた。次々と集まってくる情報や報告に対応していたが、その間にテレビで報道される映像を見て衝撃を受けた。現地が次々に津波に襲われていく様子が流れている。故郷の気仙沼港ものみ込まれていた。実家に電話をかけてもつながらない。

夕方になり、委員長と副委員長が待機することになり、いったん後藤は徒歩で帰宅し、娘の保育園に向かうことにした。帰り際、渡邊拓也委員長から「家族の安否確認を続けてくれ」と言われた。

翌日の土曜日、翌々日の日曜日と、インターネットなどで安否確認の方法を模索したが、うまくいかず、実家と連絡がとれないままであった。ようやく物流会社が被災地に入っているとの情報を見つけ、日本通運に電話をしてみた。すると、「規制があって現在は入りにくい」と言われた。

イオンに勤務していた母親のことを案じ、覚悟を決めて後藤はイオン本社へ連絡した。気仙沼店では即座に営業停止となり、店内にいた全員が避難したとの確認が取れて胸をなで下ろした。

三月一五日、労組本部へ向かう直前、見知らぬ番号から電話がかかってきた。慌てて取ると、

「お義父さんが！」という義妹の声を聞いて全身に電気が走ったような気がした。母親ではなく「父親が！」という意味がとっさには分からなかった。

　実家は海辺にあったが、数百メートルは離れており、なだらかな勾配のある土地の上に建っている。祖父からは、「実家まで津波が到達することはないし、もしここに津波が来たら日本が沈没するくらいだ」と常々言われていた。

　父親が行方不明であることを知った後藤は、その場で気仙沼に行くことを決心した。だが、連絡を受けた渡邊は、「絶対に行くな」と反対した。再び原発が爆発する可能性があり、規制地域を拡大するという動きがあることを会社経由で知っていたからである。言い争いになったが、自分の安全だけを考えている状況ではないと判断して、後藤は電話を切った。

　後藤は東北地方にいる友人たちと連絡を取りあっていたが、その間、秋田に住む義父と現地に行くことを決めた。新幹線は使えないから、羽田空港から秋田空港へ行き、秋田にいる義父と合流した。義父は、「行けるところまで行こう」と車を発進させた。

　気仙沼まで約一五五キロ、ほとんどが山道である。一五日の夜九時すぎ、ようやく気仙沼湾らしき海が見え、ついに気仙沼市内に入った。目に入ってきたのは、東京消防庁の消防車の赤色灯が光り、焦げ臭さが充満している泥だらけの景色であった。まず、市内にある親戚の家に向かい、そこにいる母親と再会した。

後藤はそこに泊めてもらい、翌日、母、弟とともに海のそばにある実家近くまで足を踏み入れた。すでに車では入れない風景となっていて、電柱などもすべて倒壊していた。行方不明となった父親を捜索したが、どうにもならないことを知った。デイサービスに行っていて、戻る家がなくなった人たちとともに滞在を続けている祖母にも会った。後藤は、態勢を立て直すことにして、母親を連れて秋田に行き、義父の家に泊まってから母親と二人で東京に戻った。

後藤一宏の思い

東京に戻った後藤は労組本部に向かい、一連の行動を渡邊に報告しつつ謝罪した。その日は臨時中央執行委員会があり、ＫＤＤＩ労組は、日本赤十字に義援金を送る案件について議論することになっていた。この提案を、事務局長の後藤がうなずくこともなく黙って聞いていた様子を渡邊はずっと見ていた。

会議が終わると後藤は、「三役だけで話がしたい」と言って、執行委員たちに会議室の外へ退出してもらった。振り返って渡邊に、「非常事態なのに本部にいなかった私がこんな話をすることを許して欲しい」と切りだした。

「この一週間、赤十字の義援金以外に、労組として被災者対策のことを何も考えていなかったのですか？　灯台下暗しになっていますよ」

最初は静かに話していた後藤だが、途中から堰を切ったように、ためていた、耐えていた思いを渡邊にぶつけた。

「家を失ったり、親を亡くしたり、現地の被災者の人たち、組合員たちの気持ちがどうして分からないのか！　赤十字を通して支援しているという組織の体裁を整えるより、困っている人たちを労組自らが直接助ける手立てについて議論したらどうなのか！」

大声で言い放った後藤は、泣き顔になっていた。すると、つられたのか渡邊も大声で泣きだした。それを見た後藤は、「なんであなたが泣いているんだ」と半ば呆れて、こう言って話を打ち切った。

「自分が被災者の立場ならどうなのかを考えて欲しい。あなたは、涙を流していないで、これから何ができるのか、どうやっていくのかを組合員たちと進めていかなければなりません」

KDDI労組本部会議室。壁にはボランティア活動に対する表彰状の一部が掛かっている。本書執筆のためのインタビューの多くはここで行った

父親を失い、変わり果てた故郷を後にした後藤は、この思いを絶対に忘れない、と自らに誓った。この思いは、それ以後のKDDI労組の行動様式を変えたほか、後藤自身にとっても労組活動に対する取り組み方を決定づける要因となった。

震災復興支援活動の開始

ここから、KDDI労組の震災復興支援活動への着手と展開は素早く、しかも加速していった。

まず、KDDI労組は、組合員の被災状況の情報を収集し、四八人の家族や家屋に関する約一〇〇件の被害を特定した。一方で、「情報労連　愛の基金カンパ」や「連合愛のカンパ」とは別に、独自の「つながる仲間カンパ」を創設して約二〇〇万円を集め、復興支援金として被災した組合員へ分配した。

一方では、情報労連や連合と連携してボランティアを募集し、次々と被災地に送りだしている。毎週切れ目なく派

2011年のボランティア活動（提供：KDDI 労組）

遣されていく四日間単位の「情報労連統一ボランティア」や一週間程度の「連合救援活動ボランティア」に、このボランティアメンバーが積極的に合流した。

また、本部の松井一浩や東日本支部の大谷辰也、浦早苗など、本部と支部の役員たちが続々と現地のベースキャンプへと向かっている。松井は二〇一一年四月一六日から二四日まで宮古市に入ったが、その初日、栃木県内で震度5の地震が発生して到着が遅れるというトラブルがあった。しかし、到着直後から、個人宅の家財搬出、床板はぎ、泥出し、清掃、避難所近くの瓦礫撤去、仮設風呂の清掃、救援物資の仕分けなどで汗を流した。

ＫＤＤＩ労組は専用ホームページを開設して、ボランティア情報やボランティア活動報告などを公開するとともに、ボランティア支援金制度や東北応援宿泊補助制度の整備を進めていった。

その後、二〇一二年にはＫＤＤＩ労組単独で、三日間の「がんばろう東北応援ツアー」を開始している。宮城県気仙沼市（視察、漁業支援体験、津波体験館）、宮城

2012年に開始した「がんばろう東北」応援ツアー
（提供：KDDI 労組）

県本吉郡南三陸町（視察）、岩手県陸前高田市（視察）において、組合員に被災地の実相を体験してもらうことで風化と風評被害の防止につなげるという取り組みである。このほかにも、「ＫＤＤＩ労働組合復興支援ショップサイト」を開設して、組合員に向けて、被災地でつくられた物産品のあっせん販売を続けていった。

仙台市で全国大会を開催

ＫＤＤＩ労組における被災地支援という取り組みの出発点であることを物語り、その姿勢を内外へ示したのは、全国大会を被災地で開催したという事実である。

二〇一一年七月、ＫＤＤＩ労組は第一三回全国大会を仙台市で開催した。地方での開催はこれまでにもあったが、明確に被災地開催を打ちだした最初の大会となった。この大会では、「がんばろう東北、がんばろう日本」、「つながる仲間、広がる笑顔」のワッペンが配られ、全員がそれらを身に着けた。また、電通共済生協から扇子が提

2011年、仙台市で開催した第13回全国大会（提供：KDDI 労組）

供されたこともあり、酷暑のなかでの節電対策とした。

冒頭で被災報告を行ったあと、東日本大震災で亡くなった人々に対して黙祷を行ってから委員長の代表挨拶となり、渡邊拓也が演台に立った。議事がはじまると、事務局長の後藤が一般経過報告を行い、「東日本大震災に触れずに報告することはできない」と口火を切り、地震発生後の経過や現地にいた東日本支部の動静について報告し、労組が行うその後の復興支援活動について述べた。

質疑応答になると、東日本支部長の尾崎勝政が、現地被災時の支部役員たちの体験や、避難先である仙台テクニカルセンターで復旧活動に従事している労働者の働きぶりを紹介し、「困っている人の気持ちが分かる支部にしたい」と述べた。

翌日になると、大会に続く一連の活動としてボランティア活動を行った。早朝から名取市にある仙台空港の近くを訪れ、海浜植物[4]の一種で、大きな被害を受けた絶滅危惧種のハマボウフウの再生活動に参加した。参加者は、ハマボウフウ畑の瓦礫の撤去や雑草の除去で汗を流した。

ハマボウフウ（提供：KDDI 労組）

このような形でKDDI労組は、現地ボランティア活動とセットにした被災地開催という、「KDDI労組流」となる全国大会のひな型を二〇一一年につくりあげた。なお、この年の全国大会で渡邊は、KDDI労組一〇周年を通過し、組合員数約六七〇〇人、組織率約六五パーセントであることを取り上げ、結成時より成果が上がっているのは事実だが、辛うじて微増傾向を保っている情勢であることを問題視し、労組の役割と責任からすれば本質的な解決策が必要不可欠だ、と述べている。

二〇一二年、気仙沼大会

二〇一一年の臨時全国大会（一九〇ページで詳述）を挟んで、翌二〇一二年、KDDI労組は気仙沼市での全国大会開催に踏み切った。前年の仙台大会でも震災復興支援を標榜しているが、それ以降も使命を感じ、同じ取り組みを続けるために被災地を訪問する機会を増やしていった。大会を開催すること自体が現地への支援になる。また、被害を直接体験していない西日本支部の組合員や役員とは、どうしても温度差が出るだろう。そう考えて、被災の激しかった気仙沼を大会開催地にすることを選択した。

二〇一二年七月一三日、貸切バス、新幹線、飛行機などを使って集まってきた関係者の参加を得て、気仙沼市民会館で第一五回全国大会が幕を開けた。会場の後方には、前年の大会後に大挙してボランティア活動を行ったハマボウフウ畑の写真が掲げられていた。あのハマボウフウは順調に育ち、海岸寄りに移植が済んだようで、畑は回復していた。

事務局長の後藤が一般経過報告に入った。その冒頭、翌日に予定されているボランティア活動で訪れる港の入り江近くにあった実家について話しはじめた。

拾いあげた時計が一五時二六分で止まったままであること。その時刻に実家を失い、家族が離散したこと。子ども時代の小さな漁業町の記憶。阪神淡路大震災のときには「青春18きっぷ」を手にして、一六時間かけてボランティアに駆けつけたという自分の立場が逆転したこと（一九ページ参照）。あの日の津波と、雪と火の海の風景、そして

（4）　海岸の砂浜に自生するセリ科ハマボウフウ属の多年草で、食用だけでなく薬草にも利用されている。発汗作用や解熱作用などがあり、漢方薬の原料とされる根は、中国産の防風の効用と似ているのが名前の由来で、「浜防風」とも呼ばれる。

2012年、気仙沼で開催された第15回全国大会（提供：KDDI 労組）

現在の気仙沼市の被害状況など……。次々に語られる気仙沼の実像に、会場は静まり返った。

静寂のなかで佐藤宗紀は目を閉じて、広島から移動基地局車で疾走し、この気仙沼で復旧作業にあたった自分の姿と、後藤が描いている気仙沼を重ねあわせていた。気仙沼ではauだけがつながった、という噂話をあとから聞いて苦笑いしたことを思い出したところで目を開け、真っすぐに後藤を見た。こんな佐藤、KDDIエンジニアリングの支部役員として全国大会に参加していたが、この大会で本部役員に選任されている。

大会終了後の翌朝、KDDI労組の一行は気仙沼市郊外の藤浜漁港と宿舞根《しゅくもね》漁港に分かれて、カキの種付けのほか、漁船に乗ってカキ筏《いかだ》の垂下《すいか》作業を手伝ったり、カキの耳吊り作業の補助をはじめた。午後になると「唐桑《からくわ》半島ビジターセンター」に寄り、津波体験や震災展示パネルを見て回ってから、各自、夕方に気仙沼を後にした。

これ以後、KDDI労組は、二〇一六年に発生した熊本地震の被災地支援による熊本市開催やコロナ禍のリモート開催以外は、気仙沼や仙台で全国大会の開催を続けている。熊本大会のときには、熊本を中心とする九州集中豪雨に見舞われている。

簡単に紹介したが、このようにKDDI労組は毎年被災地へ足を運んでいる。それを続ける裏側には、縁の下の力持ちによる周到な準備がある。組織局長、事務局長時代の柴原準二（一九九ページで詳述）は、現地開催や活動のたびに準備や下見のために頻繁に訪問していた。柴原は、

2019年に行った除草作業
（提供：KDDI 労組）

2018年、気仙沼郊外で行った
漁業作業のボランティア活動
（提供：KDDI 労組）

熊本大会（提供：KDDI 労組）

KDDI 労組の被災地開催は続く。2017年に熊本城を訪れる役員たち（提供：KDDI 労組）

よい縁ができたと、毎年夏休みに家族とも気仙沼を訪れるようになった。

ユニオンショップ記念大会

二〇一一年の第一三回仙台大会、二〇一二年の第一五回気仙沼大会に挟まれた二〇一一年一二月一六日、第一四回臨時大会が東京で開催された。この臨時大会は、ＫＤＤＩ労組にとっては待ち焦がれていたもっとも大事な大会となった。

全国大会の司会は組織部長が務めるのが慣例となっている。組織部長の春川徹が開会を告げ、大会資格審査委員を任命して、資格審査報告に基づいた大会成立を宣言すると議長を選任し、議事運営委員が議事日程を確認した。最後に大会書記を任命すると、委員長の挨拶に移った。

気仙沼郊外にあった防災対策庁舎。東日本大地震の爪あとが残る。2015年撮影（提供：KDDI 労組）

演壇に立つ柴原准二
（提供：KDDI 労組）

渡邊拓也委員長は、二〇〇〇年のKDDI労組結成以来、これまでの全国大会ではあり得なかった挨拶をはじめた。

本大会は、二〇一二年一月一日、私たちKDDI労組とKDDI株式会社がユニオンショップ協定を締結することを確認する記念すべき大会であります。いかなる環境変化が生じようとも、より良い会社を作る、という目標は揺るぎません。組合員のみならず、すべての社員がこれまで以上に一致団結し、一丸となって取り組むことが必要です。

この道のりには非常に多くの苦労がありました。労組の先輩方が粘り強く、強い志をもって会社側との交渉を続け、私たちにつなげ続けてきてくれました。新たな一歩は決して平坦な道ではなく、組織が飛躍的に大きくなる分、日頃の運動が及ぼす影響とそれに付随する責任、会社や社会からの期待が一層大きくなります。

(1) 2012年1月1日　KDDI労働組合　第15号

KDDI

KDDI Workers Union

情報労連／KDDI労働組合

踏み出した新たな一歩を組合員全員の力でさらに大きく

中央執行委員長　渡邊　拓也

KDDI労組に新たな歴史

ユニオン・ショップ協定締結を確認

発効は12年1月1日

第14回定期全国大会

今回の機関紙は、組合員以外に管理者の方、未加入者の方にも配布しています。

歴史的なユニオンショップ締結を報じる機関紙

渡邊の言う先輩方の一員として会場にいたのは、連合の来賓として出席していた杉山豊治《とよじ》と情報労連来賓の才木誠吾であった。二人とも、このスピーチに聞き入っていた。KDDI労組には、全国を回ったオルグ、労組ビジョン、数々の労組加入キャンペーン、会社株式の購入、健康フェスタなど、先人たちが心血を注いできた組織拡大活動がある。

また、渡邊の言うとおり、ユニオンショップ協定は、いやオープンショップからユニオンに切り替わるというレアケースでは、特有の難問を突破していく必要がある。たとえば、加入促進の活動は継続されるなかで、労組の組織と活動をつくり替えていかなければならない。

大会議事は、いよいよユニオンショップ協定の締結、非正社員を組合員とする組合員範囲の変更、今後の組織活動方針の三点に関する提案説明に入った。

すぐに東日本支部の長谷川強《つよし》が、支部の取り組みと労使協議について決意表明して、意見を述べた。事務局長の後藤一宏が本部からの決意表明を返し、「労組に入らなくてもよい、やめてもよい」という環境ではなくなる事態での労組活動と組織運営について考えを述べ、あわせて、新入社員の入社を考慮して、三〇〇〇人を超える未加入者に対する加入活動を三月まで強化する旨を強調した。

KDDIテクノ支部から、職場会ではこちらも会社とユニオンショップ協定を締結すべきという声が上がっている、という意見が出た。後藤は、オープンショップ下でもKDDIテクノの組織率が高いことをたたえ、「ぜひ取り組みたい。ＫＤＤＩテクノ支部ともっと絆を強くしたい」と回答した。

議案の投票に入ると、反対票ゼロで、すべての議案が機関決定されて大会を終えた。そして、翌年の二〇一二年一月、再びユニオンショップ協定が締結された。

潮時

二〇一一年、東日本大震災が起こったときの春闘に関する話をするために時を戻そう。

震災直前の二月に開催された中央委員会では、固定通信、移動体通信ともに次々と競争環境が変わる通信業界の情勢と春闘方針が議論され、減収減益の見通しがあるなか、ＫＤＤＩ、ＫＤＤＩテクノの賃金交渉と業績賞与交渉に関して、前年より高い要求水準を決めていた。

だが、震災による被害が顕著になってくると両社の業績悪化が見込まれたうえに、インフラの大打撃によって会社の存亡までが話題に上るようになった。このためＫＤＤＩ労組は、前年と同水準を要求する交渉に転じ、早々に一発回答で妥結まで進めた。労組内部にはこうした春闘に対する反対論もあったが、それらを制してスピード妥結に至ったのは、「全社一丸となって危機に臨む」という認識が労使間において共有されていたからである。

このスピード妥結のあと、渡邊拓也や後藤一宏たち労組本部の幹部たちは、会社側の労組に対するスタンスが少し変わったことに気づいた。団体交渉で決まったことでも、これまでは各社や各支部では何かと認識の違いがあったり、局所的に問題が発生したりと難航することが多かったが、意外なことに、何事についても円滑に運ぶようになった。

多感な渡邊は、それを単なる偶然とは考えていなかった。会社と相対《あいたい》する際、歩み寄りのようなものではなく、別の異変を感じ取っていた。時の流れが変わったような気がして、妙に清らかな気持ちになった。

その次の瞬間、突然、震えが来た。まさか、これは潮時ではないのか……今決着をつけるべきではないのか……と気づいたのである。

ＫＤＤＩの社長は、電電公社からＤＤＩを経た小野寺正が二〇〇一年から会長兼任期間を含めて務めてきたが、二〇一〇年に田中孝司と交代し、会長となっていた。その田中は、一九八一年に国際電電へ入社している。エンジニアとして活躍し、管理職になってからは、法人向けソリューション事業やＵＱコミュニケーションズ(5)の立ちあげといった功績がある。もちろん、国際電電労組の組合員としての経験があり、職場では、杉山豊治《とよじ》ら技術系の組合員たちと上司・部下の関係であった。

「一丸となって」が意味するもの

チャンスだ！　そう直感した渡邊拓也は、さらに深く考えてみる。「より良い会社を作る」というスローガンの労組が、「全社一丸となる」というメッセージを受け取ること、これはいったい何を意味するのだろうか。もちろん、労働者全員が組合員になることである。

社長に就任した田中は、社内のコミュニケーション不足の解消を強く発信し、さまざまな社内ツールにＳＮＳを活用するなどして発信し、指揮を取りはじめた。とくに、「震災後はコミュニケーションが大切だ」と強調した。

こうした動きも、渡邊の考えを確信に変えることになった。となると、渡邊はもう止まらない。畳みかけるように、ユニオンショップに関する申入れを繰り返した。副社長らに会って考えを述べて、社長に伝えるようにと訴えたほか、直接社長にも会った。

そんなとき、会社側に、auで積極的な攻勢へ転じる動きがあるということを知る。これまで携

（5）　二〇〇七年にＫＤＤＩが設立した子会社ワイヤレスブロードバンド企画会社が前身の企業。二〇〇八年に「ＵＱコミュニケーションズ」へ社名変更し、二〇一五年にＫＤＤＩグループ企業との合併を経て現在に至る。

帯電話は代理店が販売していたが、その主力は派遣労働者など非正社員たちであった。だが、一層の販売力の強化を狙って、直接雇用の契約社員などに切り替えようとしている。またまたチャンスだと、渡邊は会社側に対する言い方を変えた。

「ご承知のように、KDDI労組は伝統ある大きな労組です。全社が一丸となって危機に立ち向かうというのに、今、正社員の残り三割が労組未加入者で、これから大増員するという契約社員のどれほどが労組に入るか分からない。このような状態はいかがなものか」

このあと会社側はユニオンショップの検討をはじめ、協定の締結を決断するまでにそれほど時間はかからなかった。

クミジョたちと歓談する田中孝司（写真右）。ユニオンショップ協定を是とした。2011年撮影（提供：KDDI労組）

ちなみにだが、再びユニオンショップ協定の合意に至った真相には諸説ある。東日本大震災の危機がもたらした求心力が大きく、「労使の歯車が合った」と言われている。「全社一丸」という意味のなかに、非正社員を含めた組合員を擁する企業別組合の役割があることは事実である。

一方、ユニオンショップ協定は「棚から牡丹餅《ぼたもち》だ」と評する関係者もいる。だが、黙っていては成し遂げられなかったはずである。黙ってはいられない渡邊が奇跡を呼び込んだかもしれないことを、誰も否定することはできないだろう。

この知らせが、現役役員やOB・OGたちの間を駆けめぐると、渡邊を知る誰もが、ガッツポーズで吠えている渡邊の姿を思い浮かべた。筆者もあえて、「パワードコムユニオンが合同してオープンショップ時代の組織率を急激に上げ、ユニオンショップ協定を締結した。KDDI労組を二度も救ったスーパーヒーローなのでは」と水を向けてしまった。

だが、当の渡邊が、「このユニオンショップは、先輩たちが石を積むようにコツコツと組織拡大してきたことがとても効いている。私は、たまたま時の委員長として大チャンスに恵まれただけ。KDDI労組のパッションの勝利だ」と静かに語ったのが印象的であった。

それにしても、こうした神妙な顔を渡邊が見せるのは珍しい。とはいえ、のちにもう一度見せることになる。

本部役員の増員

ユニオンショップ協定が締結されたことで、早速、本部役員が二人増員された。そして、二〇一二年七月に開催された全国大会の役員選挙で交代があり、新役員として新たに四人の顔ぶれが並んだ。浦早苗、佐藤宗紀、瀬田奈緒子、柴原准二である。

一九七六年生まれの瀬田は、島根県松江市の出身である。地元で育ち、島根大学文学部を卒業して一九九九年にＤＤＩに入社している。松江市の山陰営業所に配属され、固定電話の営業事務をはじめた。翌二〇〇〇年の三社合併後も同じ営業所であったが、各地で営業所の統廃合がはじまったことに危機感をもち、ＫＤＤＩ労組に加入した。

その後、総合職に変わって、東京の総務本部教育推進部へ異動し、新入社員研修や資格取得支援などを担当した。労組では本社中央支部に

瀬田奈緒子。2014年撮影（提供：KDDI 労組）

所属し、職場委員に就任した。そして、本部で教育宣伝部長となった。

柴原は一九六七年生まれ、長崎市の出身である。高校まで地元に通っていたが、上京して千葉大学法経学部に進学した。一九九三年に卒業後、テレウェイに入社し、港区赤坂に勤務して固定電話の営業企画という仕事に就いた。

一九九八年に国際電電と合併し、ユニオンショップ協定によりＫＤＤ労組に加入し、三社合併後は人事部に移っている。本社中央支部に所属していたが、ユニオンショップを機に適任者探しがはじまり、本部入りして組織部長となった。

浦と佐藤は、瀬田と柴原に比べて支部役員の経験が長くて深い。浦は東日本支部で経験を積み、副支部長になってからは常にＫＤＤＩ労組初の女性支部長候補として名前が挙がっていた。だが、そうはならなかった。東日本支部長の尾崎勝政に、「まあ行ってこいや」と送りだされた浦は、意気揚々と本部の労働政策部長になった。

佐藤は西日本支部の役員を続けていたが、二〇一〇年にＫＤＤＩテクノ支部が結成され、支部長の細川泰幸のもとで副支部長に就任した。ＫＤＤＩテクノ支部がＫＤＤＩエンジニアリング支部に切り替わると、支部代表者の立場でＫＤＤＩエンジニアリング出身初の本部役員となり、総務部長に就任した。

こうした本部役員の増員とあわせて、支部役員も年々増員していった。ユニオンショップ協定による組合員の増加と財政の安定化は、それまで切り詰めてきた支部の現場を一変させ、役員数を倍増させて職場に張りめぐらせた。

なお、特別執行委員にも大きな変化が見られている。ＫＤＤＩ労組結成後の歴代特別執行委員は、五十嵐晋と杉山豊治《とよじ》が一人ずつ情報労連に派遣されていたが、二〇〇九年からは杉山と才木誠吾の二人が派遣されるようになった。ちなみに、翌年の二〇一〇年には杉山が連合へ派遣されている。

連合の社会政策局長として2010年メキシコ開催のCOP16に参加した杉山豊治（前列中央）（提供：KDDI 労組）

ＫＤＤＩ労組にとっては、旧労組時代を含めて快挙といえるものであった。さらに、二〇一二年になると、連合にいる杉山以外に才木と宮原千枝の二人を情報労連へ派遣し、これ以後、特別執行委員は三人体制となった。産業別組合、ナショナルセンターとの関係性の強化は、ＫＤＤＩ労組のプレゼンスを高めるという静かな変革であった。

ユニオンショップ第一報

現役、ＯＢ・ＯＧを問わず、ＫＤＤＩ労組の関係者はユニオンショップ協定の締結という第一報に大いに沸いたが、この快挙に対する各人の反応はさまざまであった。

松江小洋《こひろ》は、驚きながらも、会社が何を考えているのかが問題で、心配でもあり、まさか毒まんじゅうを食べたのではないだろうか、と考え込んだ。小澤介士《かたし》は、しみじみとよかったと思った。渡邊にねぎらいのメールを送ったところ、「ありがとうございます」という返信を受け取っている。金澤俊治は、渡邊から直接聞いた。「うれしい」という言葉がすぐに出た。黒瀬栄二（六二ページ参照）にも連絡をとり、「よかったな」と言われ、一緒になって喜んだ。五十嵐晋は、知らせを聞いても驚くことはなかった。世の中がそうなっているし、会社にとっては最初からそれがよい選択だったはずだ、と思った。

そして、大西充《みつる》は、待望のユニオンショップに歓喜したが、どうしてなのかな……と考えはじめ、社長が交代したことや契約社員の問題が大きい、と確信した。また、本部役員で身近にいた春川徹ですらとても驚いている。労組だけの努力ではどうしようもない話なのに、経営判断が急に変わったと感じた。

国際電電を退職して亜細亜大学教授に転じていた佐賀健二は、「あり得ない話だから興味がある。どういう経緯でそうなったのか、ぜひ解明すべき問題である」と語っている。一方、UNIApro東京事務所長の伊藤栄一は、組織化のノウハウがなかったＫＤＤＩ労組が挫折せずに集中し、最後にはひっくり返したわけだから驚異の組織だと思った。

最後、情報労連に出ていた才木誠吾は、直接渡邊に会って「本当なんだろうな」と問い質したという。これまでのことを考えれば信じられなかったのだ。早速、出身の東日本支部へ出向いて、後輩たちに対して「ユニオンショップの締結でこれから大変な苦労がはじまるぞ」と忠告した。

ユニオンショップが実現したからといって自動的に組織率が一〇〇パーセントになるわけではない。既存の未加入者たちが残っている。オープンショップで約七割の組織率まで高め、ある程度安定的に運営できているところで、再び徹底的な加入促進活動を仕掛けることになる。

才木の話を聞いていた吉永徹也は、あれほど頑なに加入を拒否してきた労働者たちに手を差し伸べることになるのか……と憮然としていた。一方、伊藤友明は、うれしい悲鳴だが、ある意味では「寝た子を起こす作業になる」と受け止めて身震いした。

伊藤は一九八一年に三重県伊勢市で生まれ、鳥羽商船高等専門学校を卒業してTTNetに入社し、光ファイバーの保守という仕事をはじめた。ユニオンショップでTTNetユニオンの組合員となり、若手集団「ユニオンジャック」のメンバーとなった。

　ユニオンジャックとは、労組内に設置された若手役員のグループで、主にレクリエーション活動の企画や運営に関して一定の裁量が与えられていた。将来の幹部役員を育成するという意図もあったので、いわば登竜門のような位置づけになっていた。

　二〇〇三年に会社がパワードコムとなり、二〇〇六年にKDDIと合併するとKDDI労組に加入し、当初はPCU支部（一一三ページ参照）に所属した。翌二〇〇七年に本社中央支部の執行委員となり、二〇一二年からは東日本支部の執行委員となっていた。

伊藤友明。2018年撮影（提供：KDDI労組）

オルグ！　オルグ！　オルグ！ 2

　ユニオンショップ協定は、言うまでもなく労使の合意であるため、会社側も労働者たちに対して協定の締結について宣言し、管理職を集めて周知説明を行った。社内では、ユニオンショップに関する連絡文書が回覧され、それを伝える社内放送が流れた。したがって、ＫＤＤＩ労組は、ユニオンショップ協定が決定したあと、締結時点、締結後の三段階にわたって再び加入活動に取り組むことになる。早速、組織部長の春川徹は、各支部に対して加入促進活動の指揮を執った。春川は、かつて西日本支部時代にセルラーやツーカーとの合併があり、本部から「全員を加入させよ」という指令を受けて走り回ったときの経験がよみがえってきた。

また春川は、ユニオンショップが支部にとっての悲願であったことを知り抜いていた。オープンショップでは、職場の労働者にとって大切な「横のつながり」に関してどうしても妨げとなってしまう。その痛手を被ってきたのは支部であり、組織拡大の使命を課されて疲弊するのも支部であった。だから、「これからの加入促進はしんどいが、もうケリをつけよう」と支部にゲキを飛ばして、全力を尽くした。

ユニオンショップが公然化すると、春川は躊躇なく「組合費キャンペーン」を張り、ユニオンショップ協定の締結前に加入していた者を優遇するという措置を取った。これは功を奏した。そして、協定が締結された直後から、北海道から沖縄まで、全国で実施する加入説明会の日時と場所を示し、本部と支部の担当者を割り付けて一斉に動かした。

会社側がユニオンショップ協定を表明したことが効いたのか、あれほど先輩役員たちを苦悩させてきた足取りの重い説明会場が軽快で盛況な状態に様変わりし、続々と加入者が増えていった。

「入れ食いです」という報告が春川に集まった。

だが、本部で指令と集計に明け暮れていた春川は、協定の締結後も頑なに加入しない未加入者リストをつくって、思案していた。こうした未加入者は、オープンショップもユニオンショップも関係ないから手強い。多くの未加入者は、会社側が納得して合意した労使協定の趣旨に反して、その会社で働くことに矛盾を感じてしまう。だから群れを成して加入するのだが、その矛盾を感じることなく馬耳東風を貫く労働者や、全力で身を硬くしてしまう労働者がいる。

春川は、一人が一人を説得するという「各個撃破《かっこげきは》」を支部に指示した。この路線は、春川と交代して翌二〇一二年から組織部長になった柴原准二へ引き継がれることになった。

未加入者たち

ユニオンショップの水面下で、またしても支部役員たちの苦悩がはじまった。西日本支部中国分会長の登尾《のぼりお》直樹は、執行委員と手分けして、広島をはじめとして岡山、鳥取、島根、山口とオープンショップのときに何度も巡回したエリアの職場に足を向けることになった。職場に入って、「未加入者に労組の説明をさせて欲しい」と申し出るが、多くが無視された。ようやく話せても、「今忙しいから後にしろ、定時後にしろ、今残業中だから明日にしろ」と言われ、明日も明後日も延々と同じ依頼を繰り返すことになった。

最初から「やめろ！」ととりつく島がないことも多い。「俺は働いているんだよ、忙しいんだよ、お前は何をやってんだよ」と大声で言われた登尾《のぼりお》は、自分も非専従役員で仕事が忙しいんですよ、と言いたくなったが胸にのみ込んだ。

しかし、大都市を離れて少人数の職場に行くと、未加入者であることが目立つから次々に加入してくれた。また、西日本支部には地域総合職が多く、説明も終わらないうちから自分たちの処遇や将来を案じて加入してくれた。そうこうしているうちに、大都市でも手応えを感じるようになった。

未加入者　強制加入なのか？
登尾　いいえ、労組の説明に来ているだけです。
未加入者　会社がやらせているのか？
登尾　いいえ、会社が決めたことではありますが、会社が指示しているわけではありません。
未加入者　入らないとどうなるのか？
登尾　どうもなりません。
未加入者　上司は知っているのか？

登尾　分かりませんので、聞いてみたらいかがですか？
未加入者　会社の方針に背いているということか？
登尾　僕らは労組なので、加入して欲しいだけです。

こんな会話をしているうちに、営業マンで鍛えた登尾のフックがかかり、未加入者が「明日の夕方に来い」などと言いだすようになった。一人に刺さったフックが口コミで広がりだすともう止まらない。あれほど手強かった担当エリアでも、ほとんどの者が加入することになった。

西日本支部組織部長の鈴木《すずき》嘉仁《よしひと》は、四国や九州を巡回した。「何かあったら、あなた一人で対抗するのでなく労組として守りたい」と言って、一人ひとり、順に未加入者に会っていく。話が通じると次々と加入してくれるが、どうしても加入しない労働者の決心は固く、さらにアタックすると要注意人物に代わっていった。それでも未加入者のことを忘れず、何かにつけて会いに行った。こんな鈴木はのちに西日本支部長となり、藤本孝幸と支部長を交代する直前まで加入活動を続けた（一七ページ参照）。

東日本支部の伊藤友明は、再びエリア内の巡回をはじめた。オープンショップ時代は、ずいぶん年下の新入社員からも、たとえようのないほどの冷たい視線とタメ口で辛辣な言葉を浴びたという経験がある。ユニオンショップ協定の締結後、手強い未加入者に改めて接してみると、案の定、年齢を問わず男女ともに過去の経験が再現された。それでも説得を強行してみたところ、多くが加入してくれたが、やはり最後まで加入しない者が残った。

東日本支部の吉永徹也も精力的に巡回した。いくら勧誘しても加入しなかった、というわだかまりもあった。「ユニオンショップになったから、もういい加減に入ってよ」という強気の勧誘が功を奏したかどうかは分からないが、続々と加入してきた。しかし、手強い未加入者から、「俺には全然関係のない話だ。自分の人生は自分で決める」と物静かな声で断言されると、何かを超越している気配と感じとって、あきれながらも諦めるしかなかった。

本社中央支部の大野敦史は、指令に従って自分の職場で未加入者を勧誘しはじめたところ、ユニオンショップの意味を理解してくれたからか、ほとんどの者が加入したので胸をなで下ろした。だが、勧誘範囲を広げると、頑なに拒絶する者が立ちはだかった。それらは、概して仕事以外のことに興味のない、真面目すぎる人たちであった。それでも、何度か会っていたある人が、「お前がそこまで言うのなら」と加入してくれた。その一方、「気にくわないのなら私をクビにしてもらってもよい」と言った強者もいた。

立ちあげたばかりのKDDIテクノ支部の細川泰幸支部長は、オープンショップ時代に東日本支部でKDDIとKDDIテクノにまたがる組織拡大に集中したという経験を活かして、心新たに全国の執行委員に対して加入促進完遂のゲキを飛ばした。もちろん、自らも要所で積極的に出

図２－１　KDDI労組の組合員数と組織率の推移

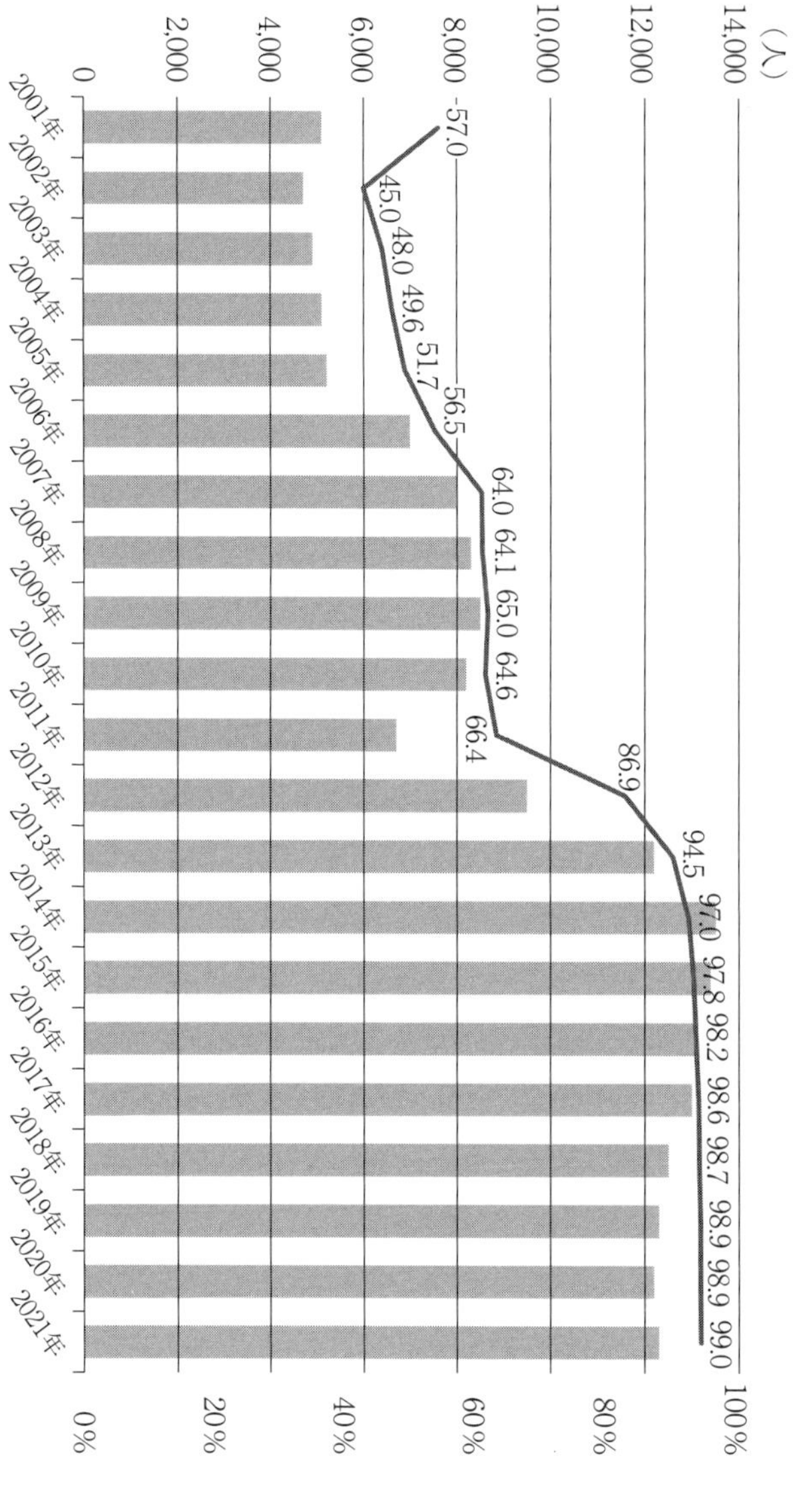

向いて取り組んだ。他社での経験を通して労組に偏見をもっている労働者もいたので難航したが、「今、なぜユニオンショップ協定へ至ったのか」と熱心に説明して回った。

だからといって、すべてが順調に進んだわけではない。どうしても成果が上がらない局面を迎えたKDDI労組は、二〇一四年になると、未加入者に対して長期にわたって勧誘を重ねた取り組みを総括したあと、いったん積極的な組織拡大活動を停止するという決断を下した。二〇二一年時点の組織現勢は約一万二三〇〇人で、組織率は九九パーセントに至っている（図2－1参照）。つまり、KDDIグループには現在も一〇〇人を超える未加入者がいるということだ。

非正社員の組合員化

ユニオンショップ協定は組合員範囲の変更を伴う内容であり、非正社員もKDDI労組に加入することになった。二〇一二年一月の協定発効後に採用された契約社員（セールスアドバイザー、地域事務契約社員、料金アドバイザー）が労組の一員となったこともあって、すでに勤務していた契約社員に対しても加入の勧誘がはじまった。これらの非正社員については、KDDIの新たな雇用区分へ整理されていった。

早速、二〇一二年二月に開催された中央委員会の際、全国から各支部の代表を集め、一時金（会社業績賞与）の要求内容をまとめた。このときは、スマートフォンシフトへの対応、auなど基盤事業の立て直しによる業績改善、東日本大震災後の復旧・復興への取り組みに対する適正な配分を求めるという姿勢で臨むことを確認している。

この時期の一時金要求は恒例のものだが、ＫＤＤＩおよびＫＤＤＩテクノに対して、非正社員の労働環境の改善に向けた取り組みといった要求項目が初めて盛り込まれた。このあと、全組合員による直接無記名投票の期間に入り、争議権を確立した。賛成率はＫＤＤＩ組合員が九九・五パーセント、ＫＤＤＩテクノ組合員が九九・七パーセントであり、非正社員を含めて順調な総意を得た。

二〇一二年三月二三日、四回目の団体交渉に臨んだＫＤＤＩ労組は、ＫＤＤＩの一時金について、すべての雇用区分で満額もしくは大幅増の回答を得て妥結した。

ＫＤＤＩテクノに対しては、四月四日の団交において、過去最高の回答ではあるが要求を若干下回る回答が出されたことで保留し、緊急代表者会議で協議を行った。そして、四月五日の団交では、ＫＤＤＩテクノ社のＫＤＤＩグループへの貢献に関する今後の方向性を確認したうえで妥結した。

このように、ほぼ満額妥結となり、正社員だけではない労組として幸先のよい新たな滑りだしを見せた。翌二〇一三年は、ＫＤＤＩが設立以来で最高の経常利益を達成したこともあり、正社員と非正社員ともに要求額の満額を獲得している。また、契約社員では、各種無給休暇の有給化などの回答を獲得している。これらは、それまでＫＤＤＩ労組が取り組んでこなかった非正社員の労働条件の改善であり、これ以後、多様化する非正社員向けの賃金制度や人事制度の整備に取り組んでいく出発点となった。

第3章

安定のなかの激動——今日に至るまで

裁量労働制をめぐる対立

ユニオンショップ協定の締結と、それを受けた再度の組織拡大活動に隠れがちだが、東日本大地震後、KDDI労組はもう一つの大きな壁を乗り越えようとしていた。裁量労働制の導入である。裁量労働制とは、労働者の実際に勤務した労働時間ではなく、労働者の裁量に委ねられると考え、一定の労働時間と見なす制度のことである。法定労働時間を超える時間に対応する所定外割増賃金、いわゆる残業代は支給されない。

ユニオンショップ協定の締結後に迎えた二〇一二年の気仙沼大会に至るまでのおよそ一年間、

Column　専門業務型と企画業務型

裁量労働制には、対象業務による二つのタイプがある。一つは、厚生労働省が業務の性質上、業務遂行の手段や方法、時間配分などを大幅に労働者の裁量に委ねる必要がある業務として限定する19の専門業務である。これを「専門業務型」という。

もう一つのタイプは、事業運営上の重要な決定が行われる企業の本社などで企画、立案、調査および分析を行う業務で、その性質上、適切な運営のためには遂行方法を大幅に労働者に委ねる必要がある業務で、「企画業務型」といわれている。

渡邊拓也委員長ら三役は、会社側と頻繁に長時間労働の是正に関する議論を重ねていた。すでにフレックスタイム制[1]の導入など、さまざまな手立てを講じても長時間労働という傾向が止まらず、手詰まり状態になっていたからである。

とりわけ、時間外労働が前提になっている制度を問題視していた。しかし、大規模組織では現状維持という慣性が強力で、労使が改善活動の積み重ねに明け暮れている。一方、労組側も、組合員たちがそれに振り回されていると考えていた。

こうした労使の議論が伏線となり、二〇一二年六月、会社側が一〇月一日からの裁量労働制導入を提案してきた。内容は、「専門業務型」[2]と「企画業務型」の双方であり、労使委員会の設置と、そこでの対象範囲の決定などが盛り込まれていた。労組本部は直ちに支部へ指令を出し、職場会で組合員たちの意見を集めた。支部の組合員たちの反応はさまざまであったが、受け入れを拒むという態度も見られた。そこで、本社中央支部の商品CS分会長の大野敦史は（一六七ページ参照）、「ノー」という否定的な雰囲気に包まれた組合員を対象に職場会を開くことにした。

一九七八年生まれの大野は東京都杉並区の出身で、都立高校を卒業後、電気通信大学へ進学している。同大学の大学院修士課程を修了後、二〇〇三年にKDDIに入社した。当初は、ADSL[3]のモデムやルーターの開発などといった固定系の仕事をはじめ、のちにauの移動体アプリケーションのプラットフォーム開発に移った。

入社直後にGATビル（一〇四ページの写真参照）が竣工し、本社機能が移転したことで新宿から飯田橋に勤務地が変わった。そういえば、筆者が大野のように本社中央支部の関係者と会う場合はGATビルがほとんどであった。

大野が担当する分会だけでなく、飯田橋のGATビルを中心にして縦横にカバーする各分会の

（1）あらかじめ一定期間の総労働時間を決定し、必ず出勤しなければならないコアタイムを設定し、それ以外の始業時間、終業時間、労働時間を労働者が自由に決定できるという制度。

（2）使用者、労働組合もしくは労働者の過半数を代表する委員が労働条件を調査審議して意見を言う仕組みとなっており、裁量労働制の必要事項は労使委員会の決議で決定する。

（3）一般のアナログ電話回線を流用してインターネット接続サービスを提供する技術。

職場会では、効率的に働き、早々に帰宅するという姿を思い描く者が少なく、残業代の縮減に焦点が集まった。本社中央支部の組合員たちは、裁量労働制の導入反対で固まりつつあった。

その後、本部は支部との協議を重ね、意見の対立があったが、労使委員会での決定について重点的に取り組むことを前提に、最後は導入を是とする原案を作成した。

こうして、被災地気仙沼で開催された全国大会は、裁量労働制問題の議案に入ると荒れ模様に変わり、とくに本社中央支部が導入反対の態度を露わにし、東日本支部からも導入内容への疑義が表明された。本社中央支部は、裁量労働制の導入に関する本部案に対する修正案を提出し、支部長の梅田基弘が修正案の説明に立って次のように述べた。

「二〇一二年一〇月一日の導入を見送り、労使間で詳細設計を行ったうえで再度組合員へ展開し、職場会にて十分に意見を聞き、導入の可否について、次期中央委員会または次期全国大会で決定すること」

支部役員たちが容赦なく意見を浴びせるのはKDDI労組の機関会議の伝統（提供：KDDI労組）

梅田は職場会を合計二二四回開催したが、出席組合員約二八〇人のうち反対多数であること、裁量労働制の導入について組合員の意見を反映して欲しいこと、詳細内容や運用方法が不明確なままでの一〇月一日の導入を再考することなど、支部の組合員と本部案との乖離があることを強調し、あわせて長時間労働が誘発されるとの危惧を述べた。

国際電電労組時代は、全国大会での反対動議や修正案の提出は日常茶飯事であったが、KDDI労組でも、要所では支部から本部提案に対する修正案が出され、慎重な審議を重ねてきたわけである。

裁量労働制から逃げない

このあと、本部案と修正案をめぐって、また裁量労働制の内容と労使委員会の運用も絡んで、賛成・反対の意見が延々と応酬された。本部側は、労使委員会が各事業所もしくは対象部門ごとに設置されるため、支部役員たちが労働者側の委員になる点や、本部と人事部でも労使委員会を設置して、支部とも連携しながら進める点を強調した。だが、支部側の「拙速である」という意見は曲がらず、白熱した討議に決着がつかないと判断されたところで、本部案決議のための採決に入った。

その結果、賛成四九票、反対一六票で本部案が可決された。この決定を受けてKDDI労組は、裁量労働制の導入に向かった。労組本部でそれを推進したのは、組織部長から政策局長に代わった春川徹と労働政策部長の浦早苗であった。

早速、春川は裁量労働制の労使協議をもち、労使委員会を設置してから会社側の事業所代表と支部役員の折衝《せっしょう》に入ったが、大会のときよりも支部側が熱くなっている様子を感じた。支部役員たちが最初は横を向いていた折衝は、やがて押し問答のようになり、数時間にわたった。そこで持ち帰り、春川や浦と支部役員たちで再び数時間の打ち合わせを行った。

裁量労働制に対する会社側の大義は、労働者の自律的、自発的な仕事で成果が高められ、やりがいのある働きやすい環境づくりである。一方、KDDI労組の狙いは、時間外労働ありきの長時間労働から脱した働き方にある。長時間労働になるのを避けるためには、拒否を続けるのではなく、逃げずに地ならしをしなければならない。

だが、この時期に裁量労働制の導入に進むのは残業代不払い制度による人件費抑制策をのみ込むように映るから、幾度となく浮上してくるホワイトカラーエグゼンプションに反対する連合とはそりが合わない。それだけに、KDDI労組の決断は労働界で波紋を呼んだ。「名指しで極悪人扱いされたよ」と、渡邊拓也は振り返っている。

また、血気盛んな浦は、まるでなだめ役のように労使間でラリーを続けている春川にいら立った。時には衝突もしたが、春川は気にもかけない態度で進めていった。労働者が受け入れなければ、会社側が求める裁量労働制はとん挫する。だから、本気で反対している支部役員たちの意見を尊重する形で会社側が裁量労働制に取り組むことになる、と読んでいた。

こうして、議論は詳細な点に及んだ。たとえば、適用者が一日当たり一三・五時間以上の勤務をした場合には、八時間の「勤務間インターバル制度」（二二四ページより詳述）を設けることで合意した。労使委員会の労組側委員が決議において優位な人数となり、何かあればストップさせられる仕組みを担保したところで、ようやく決着した。

深謀遠慮の春川は、大きな船を動かすのはとても大変だ、と実感したが、これで終わりではない。振り返れば、ＫＤＤＩ労組は明らかに別の大魚を狙っていたのだ。

ＫＭＯの設立とユニオンショップ協定の締結

「ＫＤＤＩ労組結成一〇周年記念感謝の集い」が開催された二〇一二年二月、ＫＤＤＩは子会社のＫＭＯ（ＫＤＤＩまとめてオフィス）を設立した。オフィスサービスのソリューション企業だが、通信サービスにかぎらず、ＯＡ機器、オフィス用品、ＩＴ化、不動産仲介、オフィスの移転に至るまで、仕事場に関するあらゆるサービスの提供を目的としている。設立前の数年間は、Ｋ

ＤＤＩ内にＫＭＯの前身となるソシューション部署を設置して準備に入り、それを子会社化したという経緯がある。

ＫＭＯは、二〇一三年二月になると全国展開のために地域会社四社（ＫＭＯ東日本、ＫＭＯ中部、ＫＭＯ関西、ＫＭＯ西日本）を設立し、本社を含めて五社体制となった。

ＫＤＤＩ労組はグループの経営拡大を受けて、それに対応する組織強化に乗りだした。まず、二〇一三年二月に第一六回臨時全国大会を開催し、同じく戦略子会社のＫＤＤＩエンジニアリングとユニオンショップ協定を締結することにした。そして、同年四月一日にユニオンショップ協定が締結されると、ＫＤＤＩエンジニアリングの労働者の一〇〇パーセント加入を目指して加入促進活動に入った。

また、二〇一三年七月の第一七回全国大会では、返す刀でＫＭＯグループ各社と労働協約を締結することを決定した。ＫＭＯの労働者がＫＤＤＩ労組に加入することを念頭に置き、組織局長である柴原准二（一九〇ページの写真参照）の陣頭指揮で、六月からＫＭＯ労働者に対する労組説明会と加入促進活動を展開した結果、七月時点で約四〇〇〇人が加入し、組織率が約七五パーセ

2010年、KDDI は KMO のサービスを開始しショールームを開設した（『KDDI 発足10年社史』134ページより）

ントに達した。

全国大会の終了後、KDDI労組は二〇一三年七月二二日にKMOと初めての団体交渉を開催した。本部役員体制の紹介と全国大会の報告が終わると、委員長の後藤一宏は、早速KMOグループとのユニオンショップ協定の締結を申し入れ、会社側が受諾した。そして、二〇一三年八月一日、ユニオンショップ協定が締結されると、KDDI労組は新入社員向けの説明会を毎月開始する一方で、未加入者に対する組織拡大活動を強化した。

次々にKDDI労組に加入してくるKMOの組合員たちは東日本支部と西日本支部へと所属は分かれるが、のちにKMO支部の幹部役員となる井澤大輔と橋本源太のツートップは、この東西の支部にそれぞれ入ることになった。

井澤大輔は一九八二年生まれ、千葉県千葉市の出身である。地元で育ち、明海大学外国語学部英米学科へ進学した。二〇〇六年に卒業してリクルートに就職したが、持病で入院したことをきっかけに退職した。その後、KDDIが新会社を設立することを知り、二〇一一年四月に入社し、二〇一二年二月のKMOの独立を迎えた。

井澤はKDDI労組に加入して東日本支部の所属となったが、早々に執行委員に就任している。

KMOプロパーの社員で第一号となる執行委員として支部活動を開始した。

一方の橋本は、一九八三年に山口県長門市に生まれ、地元の高校を卒業して神戸大学経済学部に進学した。卒業後は大学時代から続けていたアルバイト先を経て、一時期「光通信」への転職を経験したあと、ＫＤＤＩ神戸支店で派遣社員として法人営業の仕事をはじめた。

途中からＫＤＤＩの人材派遣会社である「ＫＤＤＩエボルバ」の所属となり、そこからＫＭＯへ出向したが、二〇一二年にＫＭＯが設立された際に正社員となっている。ただちにＫＤＤＩ労組に加入し、西日本支部所属となった。その後、二〇一四年に執行委員に就任している。

橋本源太（提供：KDDI 労組）

ＫＤＤＩ労組役員の大幅刷新

二〇一三年七月に気仙沼で開催された全国大会では、本部と支部の役員交代が相次いだ。まず、委員長の渡邊拓也が退任して関係者を驚かせた。新委員長として後藤一宏が就任した。本部では春川徹が事務局長に就任し、後藤委員長と松井一浩副委員長のコンビとともに三役となり、浦早苗は政策局長に就任した。

「鬼軍曹」と呼ばれた東日本支部長の尾崎勝政も退任した。西日本支部長の岡田弘明も退いて、鈴木嘉仁《すずきよしひと》（一七ページ参照）に後を託した。そして、「クミジョ第一号」の宮原千枝は、特別執行委員となって情報労連へ派遣され、一層の活躍が期待された。このとき、連合に派遣されていた杉山豊治《とよじ》は、「労組役員歴が一八年を超えて、支部書記長のときに生まれた子どもがもう大学生になるくらいずっと労働組合をやっている」と語って笑っていた。

退任する渡邊は、七年半にわたる本部役員の経験を振り返って、「前任の上口《かみぐち》委員長の人望が厚く、偉大すぎて嫌なときがあった」と告白し、「後藤委員長を筆頭に新体制へ変わるというのは、これまで以上によくなるために変わるのだから、みんなで支えなきゃ」と述べている。思いつく一人ひとりへお礼などを述べたあと、「末永くお付き合いを」と、普段どおりの政治家のような語り口で挨拶を締めた。

委員長就任挨拶で後藤一宏が、柴原准二、佐藤宗紀など、ずらりと並んだ本部役員たちに目をやりながら、「三役以外は一年以下の本部経験しかなく、ＫＤＤＩ労組誕生以来、もっとも経験値の浅い本部になる」と、やけに堂々と語ったことがかえって新鮮な労組に切り替わったという現実を瞬時に知らせることになった。しかしながら、多くの先輩たちが去ることになった会場内に悲壮感は微塵もなかった。後藤の堂々とした顔つきには、悲願であったユニオンショップ協定の締結という余勢を駆って、何かをやってくれそうなムードがあったのだ。

そのとおり、後藤は八年に及ぶ委員長在任中に、本部役員たちの手綱を締めながら、次に述べる「勤務間インターバル制度」の導入、クミジョの積極的な登用、「ＫＤＤＩスポーツフェスティバル」の開催、ＫＭＯ支部の結成、新人事制度の導入、さらには、ほぼ毎年のベースアップ（ベア）[4]実現という交渉力を堅持しながら非正社員の待遇改善を図るなど、多面的な取り組みで大きな業績を残した。

勤務間インターバル制度に着手

二〇一二年一一月末日時点で、裁量労働制導入の第一弾として、ＫＤＤＩ労組の本社中央支部、

2015年、春闘の団交で回答書を受け取る後藤委員長。KDDI、KDDI エンジニアイングでは7年ぶり、KMO では設立後初となったベースアップを獲得した（提供：KDDI 労組）

新委員長となった後藤一宏。長期就任のはじまり（提供：KDDI 労組）

東日本支部が管轄する一四事業本部の組合員七五六人がその対象者として勤務することになった。同時に、第二弾となる二〇一三年四月からの西日本支部への制度導入を控えていたときである。

このため、労組は対象者の勤務実態や意識を注視するためにアンケート調査を開始した。その結果、職場では制度の詳細な内容があまり浸透していないことや、労働時間が厳密に把握できるだけの仕組みが追い付いていないという実態などが明らかになった。

なお、二〇一三年の気仙沼大会では、本社中央支部の商品統括本部に所属し、自身も裁量労働制の適用者である大野敦史が、「適用者だけでなく、合意しなかった組合員のアンケート調査の結果こそが大切だ」と主張している。これにより、組合員たちへのヒアリングがはじまっている。そして、この間、情報労連ではKDDI労組から派遣されていた政策局長の杉山豊治《とよじ》が主導して、勤務間インターバル勤務制度の研究を続けていた。

振り返ること二〇〇六年七月、情報労連は産業別組合の労働運動の方向性と政策の基本姿勢を示した「情報労連二一世紀デザイン」(5)を発表した。その目玉の一つが、労働者の自立と自律のある生き方の充実や、自由時間の創出を目指す「時間主権の確立」であったこともあり、労働界で

---

(4)　組合員全員の平均賃金であるベース賃金を引き上げること。会社にとっては人件費総額の上昇になる。成果主義の普及で二〇〇〇年以降消滅していたが、景気回復による二〇一四年のベア復活が話題になった。

高い評価を得ていた。この報告書をとりまとめた杉山は政策通であることが知られており、二〇一〇年に連合入りする一因となった。

こうして情報労連は、二〇〇九年の春闘で「勤務間インターバル制度」の導入に向けた労使間の議論を促進し、産業別組合の運動として制度導入を推進することを掲げ、加盟労組への導入を狙っていた。

勤務間インターバル制度とは、労働者の健康維持、長時間労働や過重労働の防止、生産性の向上などを図るという目的で、勤務終了時刻から次の勤務開始時刻までの間に一定時間以上の休憩時間を設定し、生活時間や睡眠時間を確保するという制度である。

浦早苗は、情報労連で勤務間インターバル制度の仕掛け人であった杉山をつかまえては、制度についての意見交換を重ね、制度設計の研究とＫＤＤＩへ導入提案をするための準備に余念がなかった。

情報労連の春闘セミナーに招かれた労働政策研究・研修機構の濱口桂一郎がEUの勤務間インターバル制度を語る（提供：KDDI労組）

クミジョ、再び

浦早苗が東日本支部の執行委員を引き受ける際、実は、そのことを支部へ進言した宮原千枝の存在があった。浦は二つ返事で執行委員になったわけだが、宮原が本部役員であることを知って少し安堵した。当時、支部役員として少しずつ女性が増えはじめていたが、本部役員はおらず、宮原が女性として初めて就任したことが話題となっていた。

本部役員の打診があったときに浦は、これで支部のときよりも宮原と一緒に活動ができるだろう、と期待していた。だが、浦が二〇一二年に本部役員になると同時に、宮原は情報労連の役員となって本部から出たものだから、せっかく女性の本部役員が増えるのに……と、少し張り合いが薄れてしまった。

だが、同じ年に瀬田奈緒子が本部入りしたので、KDDI労組史上初めて、本部のクミジョ（女性役員）が二人になった。さらに、二〇一三年には西日本支部から藤山純子が加わり、情報労連

（5）　情報労連が、労働運動の方向性と政策の基本姿勢の確立を目的として、二〇〇三年に「情報労連二一世紀デザイン研究会」を設置して、約三年間の研究と議論の成果をまとめた報告書のこと。暮らしやすい社会をつくる三つの政策と行動を提起した。

の宮原を含めれば、後藤委員長以下一四人の本部役員・特別執行委員のうちクミジョが四人となり、その比率は約二九パーセントに上昇した。情報労連が加盟する国際組織である「UNI」（四三ページ参照）が推進目標としている四〇パーセントには届かないが、かつて上口洋典《かみぐちひろのり》委員長が求めた女性の本部役員への登用路線が現実のものとなった。

先取りしていえば、その後のクミジョは、二〇一四年は浦、瀬田、宮原（情報労連）の三人、二〇一五年と二〇一六年は瀬田、宮原と浦（ともに情報労連）の三人、二〇一七年と二〇一八年は宮原、浦（情報労連）の二人である。補足すると、二〇一七年に情報労連から本部へ戻った宮原は、二年間副委員長に就任している。物おじしない性格と言動で委員長に向いている宮原は、KDDI労組初の女性委員長という期待を集めていたが、退任して会社に戻ってからは管理職として活躍し、関係者を驚かせている。

宮原が退いた二〇一九年は、本部のクミジョは村田唯と佐藤香、浦（情報労連）の三人となったが、二〇二〇年と二〇二一年は村田と浦（情報労連）の二人となり、クミジョは少数になりかけている。この間、支部役員の女性比率は上昇を続けたが、本部役員となると、ほかの労組と同じく低調である。連合はクミジョの増員を掲げた計画を策定して強力に推進しているが、なかなか増えないというのが現状である。

さて、二〇一二年に話を戻そう。

本部役員に就任した浦は政策畑で、瀬田は主に組織畑で活躍した。瀬田は、クミジョ増員のピークを超えた本部で、クミジョの一人として活動した功労者といえる。当初は教育宣伝部長として、機関紙とメールマガジンの発行を担当していた。

二〇一三年、組織部長になった瀬田は、ＫＤＤＩ労組がユニオンショップ協定の締結後に職場活動の充実を目的としたイベントに携わることになった。それが、渡邉拓也委員長の置き土産となった「ＫＤＤＩスポーツフェスティバル」であった。

ＫＤＤＩスポーツフェスティバル（Ｋスポ）

二〇一三年一一月、栃木県の小山ネットワークセンターの運動場で、第一回となるＫスポが開催された。会社側との共催であり、全国から約一七〇〇人、ＫＤＤＩグループ各社の労働者と家族が参加するという大規模イベントである。秋晴れのもと、スポーツ競技のみならず、アトラクションコーナーやフードエリアが開設され、家族が十分に楽しめる内容となって盛りあがった。

Ｋスポの実行委員長である後藤一宏が開会宣言を行い、続いてＫＤＤＩ社長の田中孝司が激励の言葉を送った。スポーツ競技は、会社の所属部署別に四チームに分かれ、大玉おくり、綱引きなどが実施された。メイン競技となる「ＫＤＤＩ駅伝レース」には、全国から二九チームが参加し、一人一キロで一〇人が駆け抜け、襷《たすき》をつないでいった。

アトラクションコーナーには、子ども向けのストラックアウト、輪投げ、スーパーボールすくいなどがあり、フードエリアでは小山市内の飲食店の協力による屋台販売とKDDI労組の各支部が運営する屋台で飲食を提供したほか、震災被災地への支援として物品などの販売を行った。

支部の役員たちも労組スタッフとして汗をかいた。一〇〇キロを超える巨大マグロの解体ショーでは、促されて社長の田中孝司が包丁を握ったことがこのイベントの素晴らしさをより高めることになった。

Kスポの大成功に瀬田は胸をなで下ろした。実施が決まったのが八月だから、三か月間で組織局長の柴原准二とともに会社側の事務局との打ち合わせと調整、手配、動員などを強行していった。会社側の担当者は多数に及んだが、労組のほうは二人だけである。しかも、労組の期が変わったばかりだったので秋に開催される職場会も重なっていた。また、会社側のアイデア

昭和時代に戻ったようなパン食い競争で盛り上がる（提供：KDDI 労組）

2019年開催のＫスポ。今や伝統競技となった駅伝レース（提供：KDDI 労組）

によって対応や変更が数知れない。さらに、労組側でもいろいろとストップがかかるということもあった。つまり、会社側と労組側の板挟みに追い込まれるという格好になった。

瀬田は疲労困憊であったが、当日、参加者の満喫した笑顔を随所で見かけると、労働者たちが結束し、職場を超えて「ＫＤＤＩ一家」のようになっている様子を実感した。そして、表彰式がはじまると、後藤が入賞者に賞状と賞品を贈る姿を充実した気持ちでそっと眺めていた。

当初はよくのみ込めていなかった組織局の仕事とは、組合員を集める「何でも屋さん」と知ることになった。いつもヘトヘトになるが、それぞれについての達成感は大きい。疲労と達成感しかない――これが瀬田の本音である。

二〇一四年、瀬田を中心に会社側と企画を進めてきた「第二回Ｋスポ」が茨城県つくばみらい市のスターツ総合研修センターで開催され、約二二〇〇人が参加した。第二回では、ランチタイムに参加者有志の軽音楽の演奏会を催したり、東日本大震災を現地で体験した東日本支部が気仙沼から仕入れてきたサンマ四〇〇尾を焼いて無料提供するなど、参加者が喜ぶような新しい企画が加えられていた。

ＫＤＤＩ労組の各支部は、支部独自のイベント企画を継続的に行っているが、Ｋスポは労使共催で、全国規模であるからその効果は絶大なものとなる。オープンショップ時代では想像もできなかったイベントであるＫスポ、それを毎年実施できるようにした瀬田の功績は大きい。

大イベントの再考

瀬田奈緒子が本部役員となって三年目、二〇一四年になると西日本支部から登尾《のぼりお》直樹が本部入りした。登尾は、支部長の鈴木嘉仁《すずきよしひと》が、支部から出す本部役員候補を探していることを知っていた。現在もそうだが、西日本支部は静岡から沖縄までをカバーする広域エリアで、本部入りするということは転勤を意味する。だから、本部役員になるためのハードルは他支部の出身者よりもはるかに高い。

鈴木支部長の奮闘ぶりを見ていた登尾は、手応えを感じ労組の意義を確信していた。そして、声さえかかれば本部役員になると決めていた。役員選任のある全国大会が迫るなか、登尾の携帯電話に連絡が入った。鈴木からであることを知ると、電話に出た瞬間に「分かりました。行きます！」と切りだした。

電話の向こうで、「まだ何も言うてへんのになんで分かるんや」と驚く鈴木の大声を聞いた。「そんなん分かりますよ」と言い、「ちゃんと家族と相談しろよ」と言われた登尾は三六歳で、子どもが生まれたばかりであった。結局、広島に家族を残して単身赴任することになった。

登尾は、ＫＤＤＩ労組本部に来てから組織部長となったわけだが、いわば作業要員から作業を決める企画者へと、自らの立場が変わったことにすぐ気づいた。支部時代は、支部独自の取り組みがあるものの、ほとんどは本部からの指示によって動いていた。しかし本部では、常に支部を動かす企画に終始することになる。

もう一つ本部で実感したことが登尾にはある。ユニオンショップ協定の締結後は、組合員と労組の関係が様変わりした。オープンショップ時代は、加入促進ありきで物事を進めてきた。人数は少なくても、納得して加入した組合員の一体感を高めることに心を砕いてきた。ところが、ユニオンショップになると、自分の意志に反して加入する労働者を含めた組合員集団となり、労組への要求が多様なものとなって、労組との距離感が大きく開いてしまっていた。

全組合員たちへの対応に手抜かりのないよう注意すること――登尾はそう心に刻んだ。この感覚は、教宣部長、組織局長と経験し、事務局長となって確信に変わった。日本では、結成時にユニオンショップ協定を結ぶ企業別組合が多いから、役員たちはこういう脈絡に気づくことが少ない。登尾の感想は、数奇な経験をしてきたＫＤＤＩ労組ならではのものとなる。

早速、登尾は瀬田とタッグを組んで、オープンショップ時代の活動から組み替えるべく、これまでのイベントの再検討に着手した。全体の一体感は大切だが、職場の求心力を高めることを優先するために職場会や各支部のイベントを重視しよう、そのためにコスト感覚を大切にしよう、などと議論を重ねていった。他方でＫＤＤＩ労組は、今後の退職者と新入社員の増減を勘案して、組織の現勢はこれ以上大きくならないだろうと予測していた。

その結果、地域イベントを含めた各支部のイベントを拡充する一方で、二大イベント（一一九ページ参照）であった「ＵＳＪ」と「ＴＤＲ」のうち、ＵＳＪイベントは打ち切ることにした。ＴＤＲイベントは残したが、一体感の醸成を目的としたものではなく、福利厚生という観点から担当部局を組織局から総務企画局へと移した。また、返す刀で、加入促進活動で奏功した「健康フェスタ」を徐々に縮小していった。

ＵＳＪイベントは、四〇〇人を超える参加を誇り、フェイスペインティングをしたり、ショーを鑑賞しながら二時間のバイキング食事会があったために大人気を博していた。それだけに「廃止」という決定には大きな反発があったが、最終的には支部の了解を取り付けて断行した。一般に労組では、「スクラップ・アンド・ビルド（scrap and build）[6]」と言いながら、実は「ビルド」だけという場合が多い。ＫＤＤＩ労組には、臨機応変の英断があったということだ。

姿を現した勤務間インターバル制度

二〇一四年二月に開催された中央委員会では、春闘に臨む方針の一つとして長時間労働対策が討議された。ＫＤＤＩ労組が時間外労働削減に取り組んできた結果、時間外労働時間の平均値は低下したが、「三六協定」の特別条項適用者が発生したり、「三六協定」(7)の抵触者が根絶できていなかった。安全衛生の観点から組合員の健康（心身とも）に配慮するための対策に踏み込み、新しい施策に取り組むことを決めた。これを受けて二〇一四年の春闘では、長時間労働の抑制に向けた対応に取り組むことが労使で合意された。

ＫＤＤＩ労組が温めていた新しい施策とは、先に述べた「勤務間インターバル制度」である。早速、労使協議に入った。一九九三年以降、ＥＵ（欧州連合）加盟国では一一時間のインターバル確保が義務づけられている事実などの情報と話題を提供して、新しい制度に関心を寄せがちな会社側と長時間労働について話し合った。

実は当初、浦早苗を中心に裁量労働制を導入したあと、情報労連が掲げるインターバル勤務制度導入推進方針を追い風にして、一気呵成に労使協議にもち込んで決着させようという意気込みが本部の内部にあった。だが、後藤委員長、松井副委員長、春川事務局長らは、微に入り細に入

（6）老朽化して非効率な工場設備や行政機構を廃棄・廃止して、新しいものに置き換えることによって生産設備・行政機構の集中化、効率化を図ること。

（7）労働基準法における法定労働時間は「一日八時間、一週四〇時間以内」とされている。これを超えて残業をさせる場合には、労働基準法第36条に基づく労使協定（三六協定）を締結し、所轄労働基準監督署長への届出が求められる。

り準備して、絶対に失敗しないように事を運ぶという選択をしていた。淡々と下地を塗りながら、裁量労働制の適用者限定で導入されたインターバル制度を、全組合員に適用拡大することを狙っていたのである。

二〇一五年に開催された中央委員会では、ついに春闘の要求内容のうち、総合労働条件の取り組みとして「勤務間インターバル制度」の導入要求が提案された。松井一浩は、連合が掲げる総実労働時間の縮減、情報労連が発表した制度導入に向けたガイドラインに触れながら、労使で協議してきた労働安全衛生の観点から、会社側に対して「終業から次の始業まで一一時間のインターバル制度を要求する」と力強く提案した。

すでに数々の職場会において組合員たちと勤務間インターバル制度について意見交換をしてきた各支部側が、一斉に意見を述べはじめた。勤務間インターバルの先にあるはずの業務の効率化、重大案件のある就業日の始業とインターバル時間が重なったときのルール整備、帰宅後の業務持ち帰り防止対策、膨大な人数の管理職に対する周知徹底など、組合員からの課題が続々と洗いだされていった。

だが、勤務間インターバル制度への反対意見は皆無であった。制度と運用は違う。人事労務管理に従事する者がよく口にする言葉のとおり、運用面で仕上げるしかない。労組役員たちには、裁量労働制の導入時の熱意や導入後の対応経験で培った自信が揺らいでおらず、勤務間インターバル制度でも「望むところ」となった。

また、国際電電労組の時代には、通信設備の保守や運用に従事する技術系を中心に、二四時間交代制勤務者への対応策として、当時七時間のインターバル勤務規制を獲得していた（ＫＤＤＩ設立後も一部継続）。労組の役員たちがその歴史をどれほど頼りにしたかは定かではない。だが、労組の先輩たちによる隠れた資産があったとはいえるだろう。

勤務間インターバル制度の導入

春闘がはじまるとＫＤＤＩ労組は会社側と交渉を重ね、会社側から大きな抵抗を受けることもなく決着した。これでＫＤＤＩ、ＫＤＤＩエンジニアリングの両社では、二〇一五年七月に「勤務間インターバル制度」が導入されることとなった。

さまざまな運用ルールを介して、組合員を対象に就業規則では八時間のインターバルを義務づけた。また、全労働者を対象として、安全衛生面では一か月間で一一時間のインターバル未達日が半数に達すると健康管理の対象となり、産業医による面談を義務づけた。後者の一一時間には、強制力があるとはいえないが、次のステップを暗示させるとともに長時間労働を防止するといった意識向上効果がある。

考えてみれば、勤務間インターバル制度には皮肉な面がある。なぜなら、当然すべての労働者にこのインターバルがすでにあるからだ。あえて終業と始業の間に枠をはめなければならないほど働きすぎの国「日本」、長時間残業が当たり前となっている労働環境が深刻であることを示している。

また、このような制度を会社側が主導して導入するという可能性はゼロであろう。労働者たちから存在を疑問視されてきた労組が、大逆転のあとに、労組しかできないことを達成したことになる。

予定どおりに制度が導入されると、KDDI労組の東日本、西日本、本社中央、KDDIエンジニアリングの各支部は、アンケート、ヒアリング、相談などを併用した職場パトロールで、本人や上司への改善指導や不調な部署に対して是正勧告を行った。最初はモグラ叩きのような状況であったが、一〇〇人以上いた抵触者はだんだん少なくなっていった。

同時に、八時間もしくは一一時間のインターバルが取れないケースを洗いだし、緊急時や繁忙

勤務間インターバル制度の要求を決めた2015年開催の中央委員会（提供：KDDI 労組）

期による適用除外、適用除外の事前申請、適用除外日の翌日における連続適用の禁止や健康配慮措置、パソコンによる勤怠管理データの運用など、労使協議によって細則づくりに注力した。

永久の課題として棚上げにされ、なかなか導入できない労組が圧倒的多数であるなか、早々に勤務間インターバル制度の導入を実現したKDDI労組は、労働界において「先進的労組」として目を引くことになった。そして、二〇一七年四月にはKMOでの導入にも成功している。

KDDI労組は、裁量労働制と同じく、勤務間インターバル制度でも逃げなかった。その背景には、オープンショップのときに切望し尽くした職場の組織力がある。このような態勢が、会社側のやることに全面反対をしたり、逆の全面受容という行動様式と決別した企業別組合の真骨頂である。

組織内議員の眼差し

KDDI労組の全国大会や中央委員会には、情報労連の組織内議員たちも来賓となって出席している。立憲民主党の参議院議員である石橋通宏や吉川沙織らはその常連である。

石橋は一九六五年に生まれ、島根県安来市の出身である。中央大学を卒業したのちにアラバマ大学大学院を修了後、全電通の職員となった。以後、主に国際活動にかかわり、国際労働機関（I

ＬＯ）など海外での経験を経て、二〇一〇年に初当選を果たした。

二〇二一年一月二七日、参議院の予算委員会で石橋がコロナ禍で生活に苦しんでいる国民への対策を追及すると、内閣総理大臣の菅義偉（当時）から「最終的には生活保護がある」と、問題点の多い生活保護をめぐる軽率な答弁が飛びだし、大きな波紋を呼ぶとともに世間の批判を浴びた。

その翌日、議員会館で筆者は石橋に会った。そのとき石橋は、「国民にかかわるすべての制度を点検して、どうするかが大切だという思いで質問した」と言っていた。

石橋の眼に映るＫＤＤＩ労組は、仲間であり、友だちである。横山昇、千葉仁平《にへい》ら、国際電電労組・ＫＤＤ労組の委員長とともに国際活動で汗をかいた。一九九八年に千葉の後任として国際コミュニケーション労連（ＣＩ・四三ページ参照）に加盟している日本の労組で構成されている「ＣＩ加盟協議会」の事務局長を務めだしてから、情報労連役員であった五十嵐晋、金澤俊治、杉山豊治《とよじ》らとの付き合いがはじまった。

石橋通宏。2020年１月開催の情報労連中央委員会にて（提供：情報労連）

ＣＩがアジア各国で開催している国際労働学校（次ページの**コラム**参照）では、若手役員たちと交流の輪を広げた。二〇〇七年にＩＬＯの専門官としてフィリピンに在任したとき、マニラで開催されたUNIApro《ユニ・アプロ》（四三ページ参照）のユースセミナーで後藤一宏と知りあった。のちに、国会議員、ＫＤＤＩ労組委員長となったとき、「当時はこうなるとは考えてもいなかったなー」と二人で笑いあったという。

　二〇〇一年にＩＬＯに転じた石橋は、もう日本に帰ってくることはないと決心して、ＩＬＯ国際研修センターのあるイタリアに旅立った。ところが、帰国して、情報労連の組織内議員として闘う道を選んだ。二〇〇九年七月に開催されたＫＤＤＩ労組の全国大会には、情報労連の特別執行委員の立場とともに、翌二〇一〇年の参議院選挙への立候補者として出席した。

　石橋は、海外からの視点で日本の問題点を指摘し、「政治の貧困が社会の貧困になり、国民生活を貧困にしている」と持論を述べ、「ぜひとも一緒に政権交代を実現しよう」という、決意表明とも取れる挨拶を行った。ここ

石橋事務所でインタビューを終えて。石橋通宏と筆者（左）

Column　国際労働学校

UNIApro《ユニ・アプロ》の若手リーダーを対象としたワークショップで、Apro地域の6か国（フィリピン、インドネシア、バングラデシュ、ベトナム、シンガポール、マレーシア）のほか、日本からはNTT労組、KDDI労組、情報労連などが参加している。

プログラムは、基本目的となっている①労働組合の基本コンセプトを学ぶ、②国際労働運動の基礎知識の習得、③国際連帯の促進とネットワークの構築をもとに、より深い理解を得られるように毎年改善・工夫がされている。国際労働運動やグローバル化で労働者が直面する課題を学ぶ講義と、それを受けて議論するグループに分けられ、積極的な関与が求められる参加型ワークショップとなっている。

から、上口洋典、渡邊拓也、後藤一宏らとの親交が深まっていく。

石橋は、ＫＤＤＩ労組の力量には一目置いている。たとえば、ユニオンショップ協定については、「ショップ制が問題なのではなく、合併が多いなかで全組合員のために一番よい方策を考え抜いた結果だ。もちろん、オープンショップのときから底力を鍛えていた」と、労組出身で内情を知悉するプロの眼を光らせた。また、「勤務間インターバル制度も非常に先駆的で、政策に身を置く立場からはありがたい」と語った。

さらに、「制度の運用上の課題は何かをフィードバックしてもらいながら、法改正へ進む際においてはリアルな情報が得られる」とも言っていた。

もう一つ、石橋はＫＤＤＩ労組の非正社員に関する労使交渉に注視している。会社がもっとも抵抗する「同一労働同一賃金」を進めるためには、今後、現場の労使の実践がもっと大切になってくる。ＫＤＤＩ労組が非正社員の待遇改善にこれまで執着してきたことも、石橋にははっきり見えている。労働政策をライフワークの一つと決めている石橋にとって、ＫＤＤＩ労組は、国会論議をリードする際に援護射撃をしてくれる組織として大きな期待を寄せるとともに、大事な仲間であるのだ。

裏ミッション

勤務間インターバル制度の導入と定着を見届けてから春川徹は、委員長の後藤一宏から情報労連の役員就任の意向を尋ねられた瞬間、「行きます！」と答えた。そして、二〇一七年にＫＤＤＩ労組の特別執行委員となり、副委員長となる宮原千枝と入れ替わりで情報労連中央本部の政策局長の座に就いた。

情報労連は、時短対策の一環で勤務間インターバル制度を推進していたから、ＫＤＤＩ労組の取り組みは先導する事例として扱われ、連合にもアピールしていた。春川は、労働界、産業医団体、業界団体などの各方面から講師として呼ばれ、情報労連の広告塔のような日々が続いていたが、いわば産業別組合としての組織拡大ミッションにも深くかかわっており、想定外の能力を発揮することになった。

情報労連は、従来からソフトバンク労組に目を配っていたが、特段何もしなかった。ソフトバンク労組は、会社が鉄道通信から出発した「日本テレコム」[8]が前身であるという経緯から、オープンショップの単組として「ＪＲ総連」[9]に加盟していた。

それでも情報労連としては、同じ産業の仲間として、労働環境や産業政策に対して一緒に取り組むことの重要性を考えていた。情報通信産業の産業別組合であるかぎり、「メガキャリアの雄がもう一枚足りない」と考えるのは、当然のことであろう。従来から細々とした接点をつないでいたが、二〇一五年になると、情報労連書記長の柴田謙司らが、縁あって同じ業界の労組の立場で交流する糸口をつかみはじめた。

柴田は一九六九年に石川県金沢市で生まれた。一九九二年に金沢大学経済学部を卒業してＮＴＴに入社した。入社四年後から労組役員となり、ＮＴＴ本社支部（のちに東日本本部）を経て、三〇歳で早くも中央本部に抜擢されて組織部と交渉部を経験した。さらに、その後も東日本本部事務局長、中央本部組織部長、コミュニケーションズ本部委員長を歴任したという幹部人材で、二〇一三年から二〇一九年まで情報労連の書記長を務めた。また、二〇二一年からはＮＴＴ労組中央本部の事務局長という重責を担っている。

柴田らは、二〇一七年、ＫＤＤＩ労組出身の情報労連の役員である宮原千枝が春川に入れ替わるタイミングで大きな賭けに出た。春川は情報労連の政策局長として着任したが、その狙いの一つとして、業界対策としてさまざまな産業との接点を深め、情報通信政策の深耕を図ることがあった。そのため、ソフトバンクと同じ新電電の労組出身である春川を筆頭に、ソフトバンク労組へ情報通信産業についての意見交換会を打診し、ついに開催に漕ぎつけたのである。

意見交換会には、情報労連側としてＮＴＴ労組

情報労連の柴田謙司（右から５人目）と野田三七生（６人目）。KDDI 労組から後藤一宏（３人目）と柴原准二（８人目）も参加した「UNI-Apro 地域大会」（2015年マレーシア開催）の一枚（提供：情報労連）

（８）一九八四年、日本国有鉄道の鉄道業務連絡用通信網を活用した通信企業として設立された。合併を経て二〇〇四年にソフトバンクグループ入りし、二〇〇六年にソフトバンクモバイルとなり、二〇一五年にソフトバンクに吸収された。

（９）全日本鉄道労働組合総連合会。一九八七年、国鉄の分割民営化によるＪＲ発足直前に、ＪＲ労働者の労働条件の改善とＪＲの健全な発展を目指して結成された。ＪＲグループを中心とする産業別組合。

の出身役員が出席し、春川や浦早苗などのＫＤＤＩ労組の関係役員も参加したので、初めて「三大メガキャリア」の役員が顔を揃えたことになる。

意見交換がはじまると、ソフトバンク労組側は終始警戒心を解かず、緊張感が走るということもあった。だが、春川は、巨大な競合相手であるＮＴＴへの警戒が非常に強いと見抜く一方で、その場にＫＤＤＩがいることで一瞬親和する場面が生じると感じ、決してバランスは悪くない、と感じていた。

ソフトバンク労組とのかかわり

春川徹は、ソフトバンク労組書記長の徳田和彦が同年齢であるとともに自宅の最寄り駅が同じであると知ると、早速交流をはじめた。とはいっても、機会を見つけては帰宅前に居酒屋で飲むだけというもので、情報労連の話は一切しなかった。それでも、お互いの人生を知るにつけて親しくなっていった。

春川からＫＤＤＩ労組の数奇な歴史と活動の苦労を聞いた徳田は、関心や共感を示し、突っ込んだことを聞くようになった。そして二〇一八年に入ると、徳田から、「ＫＤＤＩ労組のこれまでの取り組みについて、ソフトバンク労組で話をしてくれないか」と依頼された。ソフトバンク労組の非専従役員が一堂に集まる会議に来てくれないか、というのである。

快諾した春川は、ＫＤＤＩ労組役員という立場でその壇上に立った。登壇した春川がＫＤＤＩの人間だと分かると、案の定、会場がざわついた。

「ＫＤＤＩ労働組合の取り組みのご紹介」という素朴なテーマで、労組の概要、活動ビジョン、組織拡大の軌跡、加入促進活動、職場会、労使交渉、東日本大震災復興支援活動、Ｋスポ、レクリエーション活動、国際活動などについて述べていった。もちろん、過去に営業マンとして従事する傍らに経験した、非専従役員として活動することの意義や、オープンショップからユニオンショップ協定締結までの苦労話についても語った。

話しているうちに春川は、会場の参加者が優しい眼差しになっていることに気づいた。激しい競争に勝とうとする敵同士だが、同じ産業で必死に働く仲間という一体感がそこにあったのだ。

「自分たちの会社のみならず、産業の発展を願う思いは、

加盟が承認されたソフトバンク労組の役員たちが組合旗とともに壇上に上がった（提供：情報労連）

会社は異なってもみな同じであるはず。労働組合として貢献できるはずです」と言ったとき、「そうだ！」という声がかかった。そして、最後には大きな拍手が春川を包み込んだ。

ソフトバンク労組が春川の話をどのように位置づけたのかは定かでない。だが、時を経て、二〇一九年六月のＪＲ総連第三五回定期大会において、ソフトバンク労組の脱退が承認された。ＪＲ総連側は、同じ連合の仲間であることを確認してソフトバンク労組は卒業した、と表現している。円満脱退であった。これを受けて二〇一九年八月、情報労連第五八回定期全国大会でソフトバンク労組の加盟が承認され、ソフトバンク労組は満場一致の拍手で迎えられた。

念願であったソフトバンク労組の仲間入りに、当然のごとく情報労連の本部は沸いた。政策局長の席に戻った春川は、これからが産業別組合としての政策立案や浸透の真価が問われると、改めて緊張感を高めた。また、ＫＤＤＩ労組は、同業労組として、ソフトバンク労組と連携を深めていく大きな契機となった。

ＫＭＯコンビの苦悩

春川がＫＤＤＩ労組の外で大仕事をしている最中、ＫＤＤＩ労組の内部では大きなうねりが生じはじめていた。それは突然生まれたものではなく、すでに種はまかれていたのだ。

二〇一二年にＫＤＤＩ労組東日本支部の執行委員に就任していた井澤大輔は、ＫＭＯプロパーの立場を痛感した。ＫＤＤＩ労組には、ＫＤＤＩ、ＫＤＤＩエンジニアリング、ＫＭＯの三社で働いている組合員がいる。もちろん、その三社と労使交渉を行うことになるわけだが、ＫＤＤＩエンジニアリングの組合員とは異なり、ＫＭＯには独自の支部がない（一五八ページ参照）。このため、職場で意見を集めたり、要求をまとめるのがどうしても間接的になり、時に他社の活動に忙殺されてしまうこともある。もちろん、支部内ではＫＭＯへの活動支援があり、立場も尊重してくれている。だが、本部による団体交渉にはＫＭＯの出身者がおらず、どうしても隔靴掻痒《かっかそうよう》から逃れられない。

そんな井澤の焦燥感を見抜いてか、東日本支部長の尾崎勝政や吉永徹也は、必要以上と思えるほど井澤との意見交換を好んだ。また井澤は、振り返れば、まるで何かに備えるかのように、次々に支部内の担当者を歴任させられていることを自覚しはじめた。

尾崎の「鬼軍曹流」ともいえる促成栽培で井澤が頭角を現しはじめたころ、職場を回って平均年齢が二〇代後半の若い組合員たちと話し合うたびに、「ＫＭＯの活動が不十分で、ＫＭＯ独自の活動が欲しい」など、歯に衣を着せぬ声を聞くことになった。

西日本支部も同じだった。西日本支部のビッグボス鈴木嘉仁《すずきよしひと》支部長のもとで鍛えられた橋本源太は、時に鈴木と衝突しながら、組織部長として支部活動に没頭していた。

橋本は、井澤と同じくＫＭＯの活動に関する「耳の痛い」意見を何度も聞いていた。「私たちの声を通してください」と言われて愕然としたこともある。もちろん、橋本自身、ＫＭＯ組合員が職場独自の要求を出しても、ＫＭＯの出身ではない執行委員のフィルター、そして同じく出身者のいない本部役員のフィルターを通ったあとに労使交渉になることは見抜いていた。だが、何をどうしてよいか分からず、黙々と支部役員の仕事を全うしようとしていた。

そんななか、ついに引き金が引かれた。

井澤大輔が投じた一石

二〇一七年七月に開催された全国大会においてＫＤＤＩ労組は、ＫＭＯ組合員からの意見に基づいて討議した結果、ＫＭＯの退職金制度の見直し策の一つとして、確定拠出型年金制度の導入を決定した。これをもとにＫＤＤＩ労組はＫＭＯとの団体交渉に臨んで合意したが、その直後、会社側から年金積立金の運営主体を変更する旨の申入れがあった。ＫＤＤＩ労組は、結成以来初となるきわめて不誠実な対応である、と強く反発し、労働委員会に対して合意事項の完全履行に関する救済を申し立てることも辞さない、という構えを見せた。

最終的には、ＫＭＯの幹部から事情説明があって収拾している。だが、ＫＤＤＩ労組にとっても、ＫＭＯとの間に緊張感が高揚する危機的な状況で、会社側の新たな提案を決議する臨時の中央委員会を開催することにした。

委員長の後藤一宏が経緯と顛末を説明する席上では、西日本支部の代議員である橋本源太が、今後の年金制度の手続きに関して、ＫＭＯ組合員の意見要望を反映できるようにすること、と要望した。これに対して労組の本部側は、「制度変更は各社と労働者代表の合意が必要であり、ＫＭＯについては労働者の代表であるＫＤＤＩ労組が協議して対応する」と回答した。

これを見た東日本支部の代議員である井澤大輔は、個人的意見であると断ったうえで、静かに、しかしＫＭＯ組合員を代表するようにはっきりとした意見を述べている。

「ＫＭＯプロパー執行委員として、今回の経過や、本部と支部の連携を目の当たりにして、組織力の強さを改めて感じた。まだ時間はかかるとは思うが、今後ＫＭＯの支部化を見据えて、労使間の関係強化を求める。もちろん、私自身も取り組む」

ついに、「ＫＭＯの支部化」という言葉が飛びだした。事務局長の柴原准二は、「このときの井澤の発言は大きな決意をもったものであり、それを受け止めた」と回想している。柴原の言うとおり、以後、堰を切ったようなＫＭＯ組合員たちの希望を巻き込みながら、ＫＤＤＩ労組はＫＭＯ支部の結成に向かって進んでいった。

KMO支部の結成へ

二〇一八年二月に開催された中央委員会では、いよいよKMOの支部化が動きだした。この中央委員会でも、西日本支部のKMO代議員と本部との間で、KMOの転勤制度と住宅手当の不備に関する質疑があり、白熱した議論となった。

その後、上程されていたKMO委員会の設置が決議された。東西両支部のKMO執行委員を中心に、職場環境の把握や制度改善の取り組みに関する強化を目的としていたが、明らかにKMO支部の結成へとつなぐ委員会である。

余談だが、この中央委員会では、KDDI労組は機関紙などに掲載されていた「こむすびくん」を公認キャラクターとして決定している。キャラクターの生みの親は、機関紙を担当していた登《のぼ》尾《りお》直樹である。かつて「ワークルール講座」など文字だけが並び、難解にしか見えない紙面を変えていったアイディアマンである。

こむすびくん

目の前で一緒に作業をしている猪口大樹のニックネームが「おむすび」であったこと、そして

「結ぶ」という労組活動に通じる語感がつながり、躊躇なく絵コンテに進んでキャラクター化に成功したようだ。のちには、セットアップを狙って「おむすびさん」と「こうめちゃん」も登場している。「おむすびさん」の笑顔は、間違いなく猪口そのままである。これが理由なのか、機関紙の担当は登尾から猪口へと引き継がれた。

閑話休題。

会社設立から五年が過ぎ、五社体制で組合員が増え、成長中の職場は活発となり、横のつながりも風雲急を告げるほど活況を呈していた。だから、井澤はＫＭＯ委員会の発足に胸をなで下ろした。とはいえ、支部役員は全員非専従で、支部の結成にもっていくには相当の馬力が必要である。となると、若い力に頼むしかない。

こうめちゃん
組合活動に奮闘する
新入組合員

こむすびくん
KDDI労働組合
公認キャラクター

おむすびさん
組合役員として
組合員をバックアップ

本部側のＫＭＯ担当は、二〇一七年に東日本支部から本部入りした伊藤友明である（二〇三ページ参照）。東日本支部時代から副支部長と分会長を兼務していた面倒見のよい伊藤がＫＭＯ委員会の世話役となり、それ以後、ＫＭＯの執行委員たちと伴走した。

伊藤はすぐに手応えを感じた。ＫＭＯの執行役員たちは、仕事が終わったあと、重い足を引きずるようにして夜間に集まっていた。自分たちがやりたかった支部化だから、何をするにも全員が積極的で、勢いに任せてノンストップ会議が続くことになった。

こうして、二〇一九年二月の中央委員会で、ＫＤＤＩ労組は「ＫＭＯ支部設立準備委員会」を発足させた。その席上、本部役員時代にＫＭＯの担当者であったＫＤＤＩエンジニアリング支部長の佐藤宗紀が、「二〇一〇年九月にＫＤＤＩテクノ支部を立ちあげた当時者であり、同じ経験をした立場から、しっかり協力したい」と述べた。

2019年開催の第22回中央委員会。この時、KMO支部設立を決めた（提供：KDDI 労組）

歴史は繰り返す。ＫＭＯ支部の結成は、手本となったＫＤＤＩテクノ支部の結成と同じ経緯を辿り、ＫＤＤＩ労組の組織強化に貢献することになった。二〇一九年八月の全国大会の決定を経て、九月六日、支部結成大会を開催したＫＭＯ支部は、支部執行委員一八人を選任し、組合員数九七八人で船出した。橋本源太が支部長、井澤大輔は事務局長に就任した。

井澤は、「ＫＤＤＩ労組の伝統は大切にするが、新しい活動にも取り組む」と抱負を述べた。その言葉どおり、早速活動を開始して、先行していた「インフルエンザ予防接種補助制度」を導入するなど独自の取り組みに成功したり、非正社員の待遇などにおいて、二社へのキャッチアップをはじめた。

もちろん、支部ごとの交渉機能が強まるから、あたかも「梯団《ていだん》方式」[10]のような効果が出せるようになる。つまり、五支部の要求や妥結を睨みながら、三社それぞれの労働条件が揃うようなベクトルで、高い労働条

(10)　軍隊が分かれて行動する場合、各部隊を梯団という。賃金交渉では、複数の労組が、先行労組、追随労組、準拠労組などに分かれて順に交渉し、有力な先行労組が引き出した交渉結果を他労組へ波及させる戦術を「梯団方式」と呼んでいる。

KMO支部結成大会後の一枚。橋本（前列中央）、井澤（同左）が率いるKDDI労組5番目の支部が誕生した（提供：KDDI労組）

件への是正や獲得を狙うことになる。

橋本、井澤のツートップをはじめとして支部役員たちは、ＫＤＤＩ労組の一員ではあるが、明らかに「ＫＭＯな」人たちである。なお、生まれたばかりのＫＭＯ支部には、この時点ではまだ事務所がなく、ＫＤＤＩ労組の本部事務所を使っていた。

労組本部事務所。コロナ禍でパーティション分割されていた（2021年撮影）

「総務企画局な」人たち

大規模労組の組織は、一般のイメージよりは官僚制組織に近く、縦割りになりがちである。ＫＤＤＩ労組もその例外ではない。だから、三役以外の本部役員は「局な」人たちになってしまうのは否めない。二〇一二年に「部制」から「局制」へ改組したことも、この傾向に拍車をかけたといえる。

局制へ切り替わったときの総務企画局長は、現在ＫＤＤＩエンジニアリング支部長を務めている佐藤宗紀である。その後任である栗山真人を挟んで、二〇一九年から総務企画局長を務めているのが安藤祐樹（一八ページ参照）である。

栗山は一九七六年生まれで、出身は福井県福井市、地元の漁村で育った。一九九七年、福井工業高等専門学校を卒業後、「北陸セルラー」に入社し、石川県金沢市で勤務した。仕事は携帯電話のネットワーク構築と監視保守であり、二〇〇一年にＫＤＤＩとauが合併したあと、二〇〇二年に愛知県名古屋市にあるau中部支社に転勤となった。

労組に加入したのは中部支社のときで、ＫＤＤＩ労組西日本支部中部分会に所属した。以後、職場委員、執行委員、分会長を経て、二〇一三年に本部役員に選任された。当初は労働政策部長に就任し、春川徹や浦早苗らと裁量労働制の導入に尽力したあと、総務企画局長となった。後藤委員長から命じられた、総務系のすべての仕事の見直しと効率化を完遂してから、安藤につないでいる。

安藤は一九八六年生まれで、大阪市の出身である。同志社大学経済学部を卒業した二〇〇九年にＫＤＤＩに入社した。auショップで営業の仕事をはじめ、東京都内、福岡、福井、金沢、

栗山真人。2010年撮影（提供：KDDI労組）

名古屋と異動してきた。二〇一二年にKDDI労組に加入し、当初は本社中央支部、のちに西日本支部に所属し、鈴木嘉仁《すずきよしひと》が率いる西日本支部の執行役員や中部分会長を経て本部入りした。

安藤には、二度にわたるパワハラ被害で深く悩んだという経験がある。その後、労組を知って役員となり、支部の組合員たちからのパワハラやストーカーの相談に乗るという、解決する側へと回った。

本部の総務企画局は、いわば裏方で地味な仕事である。総務企画局主任の甲地《こうち》良衣を筆頭に、同じく本部とKMO支部を担当する川本美希、本社中央支部担当の竹内ちひろ、東日本支部およびKDDIエンジニアリング支部担当の加藤利恵、西日本支部担当の田中美代子と連携しながら、給与手続き、福利厚生、電通共済生協の保険関係など、あらゆる経理業務を運営している。KDDI労組のあらゆる活動が何事もないように回っているのは、安藤をはじめとするこれら職員集団の働きによる。

その一方で安藤は、巨額の予算執行に目を光らせ、労組の財政健全化にも取り組んでいる。最近注目しているのは、一般会計と争議資金に充当する特別会計の兼ねあいである。どこの労組もそうだが、ストライキを打たなくなった昨今では、その運営が問われている。また、KDDI労組には、会社の株式配当などといった変動要因があるため、財政と予算については腕の見せどころとなる。

予算の執行を通して支部活動の実態が分かる。その活動を正確に把握し、その積極性、組織力、団結などを客観的に分析できる立場にあるのは、ひょっとしたら安藤たちなのかもしれない。

「組織局な」人たち

ユニオンショップ協定締結後に組織拡大一辺倒から様変わりしたＫＤＤＩ労組の組織局を担ったのは、上田堅太、柴原准二、瀬田奈緒子、川畑一也、登尾《のぼりお》直樹らであるが、組織局長となった登尾から、組織局は猪口大樹、伊藤友明へと引き継がれた。

猪口は埼玉県比企郡鳩山町の出身である。地元で育ち、早稲田大学社会学部へ進学した。卒業した二〇〇四年にＫＤＤＩに入社し、au の営業という仕事で仙台や山形の支店を経て、本社渉外部に移った。ＫＤＤＩ労組へは新入社員に対する説明会で加入し、二〇一〇年以降は本社中央支部の執行委員となった。コー

おむすびさん（253ページ）のモデルとなった猪口大樹。2015年撮影
（提供：KDDI 労組）

ポレート分会長、企画部長なども経験し、二〇一五年に本部役員に就任している。

猪口は、本部において最初の二年間は政策局で、主に海外勤務者制度の改善やLGBTパートナーシップ関係で成果を上げた。次の二年間は組織局に移ったから、その意味では双方を体験したバランスのよい役員といえる。支部時代は企画部長として春闘イベントや「劇団四季」の観劇などといったレク活動を積極的に仕掛けていたから、組織局は適任であった。

また、前述したように、情報宣伝担当として、登尾《のぼりお》直樹が担当していた機関紙の発行も受け継いだ。KDDI労組は紙媒体のよさを重視していたが、年に一〇回発行してきた機関紙を年に四回とするという決断を下した。その際、大幅に内容を濃くすることになったわけだが、その役割を担ったのが猪口である。

組織局長であった登尾の後任で、現在の組織局長である伊藤も、本部では当初一年間は政策局で、その後組織局に移っている。KMO支部を担当する傍ら、三〇歳未満の役員たちのネットワークである「青年委員会」を立ちあげた。TTNet ユニオン時代の「ユニオンジャック」の活動経験を活かしたわけである（二〇三ページ参照）。

伊藤は、後藤委員長の「鶴の一声」もあって、青年委員会をベースにユニークなイベントをはじめた。「縁結びイベント」と呼ばれる婚活パーティーであり、KDDIグループ企業や部署の枠を超えた、独身組合員の出会いをプロデュースした。

伊藤は、このイベントについて青年委員会で議論しながら、二〇一九年からスタートさせた。その結果、東京では二〇一九年と二〇二〇年に各二回の開催に成功し、毎回二〇〜三〇人を集め、カップルが誕生している。だが、大宮、名古屋、福岡などの地方では難航し、「企画倒れ」が相次いだ。伊藤の苦労は続いたが、KDDIグループ企業の枠を超えた開催や、コロナ禍でのリモート開催などを模索しながら、現在も情熱を燃やし続けている。

二〇一九年に猪口が退任し、村田唯と小川原《おがわら》亮が加わった。

村田は一九九一年に奈良市で生まれ、二〇一三年に京都精華大学人文学部を卒業してKDDIに入社した。東京での研修後、広島の中国総支社へ配属され、施設管理の仕事をはじめた。大阪市の関西総支社を経て、二〇一八年から本社勤務となった。西日本支部で職場委員と執行委員、本社中央支部では執行委員を経験し、二〇一九年に本部入りしている。

村田は、猪口から引き継いだ機関紙の発行を担当している。紙媒体での発行にこだわってきたKDDI労組も、コロナ禍を機に

2019年、東京で開催した縁結びイベント（提供：KDDI 労組）

こちらのイベントはボウリングとランチで縁結び（提供：KDDI 労組）

ウェブ機関紙への移行を決断した。その重責を村田が担い、読者である組合員たちの反応を見ながら、手探りの試みを続けている。何かと古め、硬めの労組にあって、「ウェブ機関紙への切り替えは新鮮味があってすがすがしい」と言って笑った。

小川原《おがわら》は、二〇一四年に入社した期待の大型新人である。埼玉県深谷市の出身で、早稲田大学スポーツ科学部を経て入社し、群馬県の高崎営業所に初任配属され、二〇一六年に茨城県の水戸営業所へ異動した。入社時にユニオンショップで組合員となって東日本支部に所属し、高崎では職場委員となった。水戸では執行委員となり、北関東分会で地道な取り組みをしていたところ、二〇一九年に本部役員に抜擢された。

伊藤組織局長のもと、吸収力よく本部役員の仕事をこなしている。思い切って若手の小川原を送りだした東日本支部長の大谷辰也は、「期待どおりの成長力だ」と断言している。小川原は、ＵＮＩ（四三ページ参照）の海外ワークショップで啓発されたり、支部側とは勝手が違う職場会で汗をかきながら、「組織局

KDDI 労組ウェブサイトのトップページ左下のコーナーから機関紙が読める

村田唯（前列右から2人目）。2019年にネパールで開催されたUNI女性大会にて（提供：KDDI 労組）

な」人になっていこうとしている。

組織局は、中央委員会、全国大会などを筆頭に、支部長会議や事務局長会議などあらゆる会議の運営事務局も担っている。コロナ禍に突入して以降、繰り返す感染爆発があり、オンライン会議に切り替えざるを得なくなっている。また、在宅勤務が増えることで職場会にも大きな影響が出ている。伊藤、村田、小川原は、支部と連携しながら新型コロナ対応に奔走している。

「政策局な」人たち

組合員の視線が春闘に集まるというのが労組の常である。その春闘、しかもKDDI、KDDIエンジニアリング、KMOの三社に向けて、同時に取り組むのが政策局である。また、KDDI労組の政策局は、旧制度を点検しながら新しい制度に着手するという伝統があり、次々に制度要求を練りあげて実現に導くという重責を担っている。

二〇一二年に設置された政策局長の座に就いたのは春川徹で、浦早苗が跡を継ぎ、二〇一五年

オンラインでの全国大会は目新しいものではなくなった（提供：KDDI労組）

には東日本支部から本部入りした長谷川強《つよし》が就任した。一時期、この長谷川のもとに佐藤宗紀、猪口大樹、伊藤友明、永渕達也がいたが、二〇一九年に後継として政策局長となったのは永渕である。

長谷川の仕掛けは早い。三社の総合職の賃金要求を実現する一方で、KDDIの人事制度改変で設定されてきた、地域限定総合職、一般職、短時間制社員、地域営業社員、地域事務社員、事務契約社員、セールスアドバイザー、料金アドバイザーなどの待遇改善に取り組んだ。たとえば、当初、これらの会社業績賞与の基本給に対する月数はまちまちであったが、順次総合職と要求月数を統一した。また、賃上げの原資配分では、総合職以外へ重点的に配分したり、すべての雇用区分において正社員への登用制度を導入した。

春闘ごとに話題のあるKDDI労組では何かと隠れがちだが、組合員の格差縮小路線を明確に打ちだしたこうした成果は快挙である。また、裁量労働制の点検を怠らず続ける一方で、他社に先駆けて一一時間の勤務間インターバル制度への拡大を狙った結果、二〇二〇年には九時間まで拡大している。これらは、二〇一九年に長谷川が副委員長となって、永渕政策局長や西日本支部から本部政策局に加わった早川英孝のバックアップに回ってからも変わらない。

その早川は一九七八年生まれで、神戸市の出身である。地元で育ち、大阪工業大学へ進学したが、中退してアルバイト先だった「光通信」へ入社した。光通信を退社後、他社での勤務を経て、派遣社員として「ツーカーホン関西」のラウンダー（店舗の巡回）となった。

ＫＤＤＩとツーカーの合併を機に、ＫＤＤＩエボルバの派遣社員に切り替え、au神戸支店に勤務したあとにＫＤＤＩエボルバの社員となり、ＫＤＤＩが直接業務へ移行する際にＫＤＤＩの地域営業社員となり、のちに総合職に転換した。

ユニオンショップ協定で西日本支部所属の組合員となった早川は、セールスアドバイザーたちとのつながりが重視され、早々に執行委員となった。以後、企画部長を経て、二〇一九年に本部役員となっている。

早川は、総合職への登用とその後の昇格など、ＫＤＤＩ労組が交渉して整備してきた制度の適用者である。地域営業職の後輩たちのロールモデルである早川本人は、一層の制度や条件の整備による待遇格差の解消という目標を胸に秘めている。

早川英孝（左）、小川原亮（中央）、安藤祐樹（右）。2019年マレーシアで開催されたUNI-Apro青年ワークショップの自由時間の一枚（提供：KDDI労組）

永渕や早川が政策や制度に向ける視野は広くて深い。三社の制度内容や規定はようやく似通ってきたとはいえ、詳細は異なるから、常に目を配って改善を試みた。また、肝心の春闘においても、三社分をカバーしてほぼ同時に進めてきた。言うまでもなく、その膨大となる準備も三社分となる。

相変わらずのことだが、ＫＤＤＩ労組は春闘だけでなく新しい取り組みに余念がない。たとえば、会社側が積極的に取り組んでいるＬＧＢＴ施策にも前向きに関与している。ＫＤＤＩが二〇一七年に同性パートナーの配偶者認定や諸制度の適用をはじめたことを受け、二〇二〇年にはその子どもについても家族認定し、社内制度の適用対象とすることに成功している。

また、組合員からの意見にこたえる形で、勤務時の服装規定で男性はスーツとネクタイ、女性はＴＰＯといった男女区別のある基準を変える協議を重ねてそれを廃止し、最低限のマナーを守るという服装基準に改めて、就業規則に適用させている。これで、一挙にスニーカー愛用者が社内に増え、カジュアルになったとともに職場の雰囲気が変わった。

こうした「政策局な」人たちへ二〇二〇年に大型案件が投下され、永渕らは思いがけず、まな じりを決することとなった。二〇一八年、ＫＤＤＩの社長は会長となった田中孝司から高橋誠へと交代したことで労組側は身構えていた。社長が代われば何かが起こることを労組は痛感していたからである。

新人事制度二〇二〇

二〇二〇年八月、ＫＤＤＩは、高橋新社長が主導する新人事制度（正式名称は「ＫＤＤＩ人事制度二〇二〇〈次世代に向けた新人事制度〉」）の導入に踏み切った。この制度は、「ＫＤＤＩ版ジョブ型人事制度」と通称された。二〇一九年末頃から経団連がジョブ型雇用の積極的な導入を呼び掛けていたこともあって、大きな注目を集めた。だが、欧米企業流のジョブ型雇用を日本で導入できるわけもなく、また欧米において「ジョブ型雇用」と呼ばれているわけでもなかった。

ＫＤＤＩの新人事制度は会社にとって大きな革新であることはまちがいないが、「ジョブ型志向」というより「プロフェッショナル型志向」を強め、それに対応する採用、評価、育成、報酬などの体系化であるように見える。それでも、職務というよりは職能の定義が細かくなり、一か月に一度、もしくは二度の上司面談による重点的な目標管理制度へ移行するというものであったから大変革である。

これに先立ってＫＤＤＩ労組は、新人事制度の提案を受けてから三〇回以上の労使協議を重ねながら組合員たちの意見を収集した。短期間に導入する計画であるし、廃止される内容が多く、総じて反発が大きかった。その一方で、賛成したり歓迎するといった意見も出た。上司の評価や人事の考え方一つで、全国のどこへ、または次はどの仕事をするのかが見えないという状態から脱せられるといった期待があったからだ。

たしかに、従来の人事制度は、自分で明確に何かをやりたい、それを極めていきたい、その仕事ぶりこそ評価されたい、という労働者にとっては不向きである。新しいことを求めて飛びつく会社にしては、マネジメントでは古い制度を続けていることに嫌気が差して、あるいは非組合員となった管理職たちと自分の理想を見比べて、三〇代後半で離職する者が多くなるという実態もあった。もちろん、それについては労組も把握していた。

新人事制度2020年の導入を決めた、2021年開催の第25回全国大会（提供：KDDI 労組）

また、コロナ禍で組合員たちが大幅にリモート勤務に移行した結果、それを体験した組合員たちが、場所や時間にとわられないという新人事制度のコンセプトを受け入れるといった機運が生じた。そして、ＫＤＤＩ労組が新人事制度に対して選択した結論は「総論はイエス」であった。

こうしてＫＤＤＩ労組は、二〇二〇年七月に開催する全国大会において、二〇二〇年八月以降の総合職採用者へ新人事制度を先行導入すると決定した。また、会社から提案された、二〇二二年四月以降に「既存社員に対しても新人事制度を一斉適用する」という提案について労使協議を開始し、労組内の議論を重ねていった。

さまざまな制度導入に直面したときのＫＤＤＩ労組の基本姿勢は、全面的な反対ではなく、制度導入後に労使協議を繰り返し、その運用の詳細に口を出し続けることであった。この作戦は新人事制度でも変わらない。二〇二一年七月に開催された全国大会でＫＤＤＩ労組は、労使協議の結果、会社提案を改定した内容をもって二〇二二年四月からの一斉導入を決定した。ここから展開されるタフな交渉に注目したい。

「支部な」人たち

「支部な」人たちにも注目してみよう。先にも述べたように、ＫＤＤＩ労組は結成時、本社中央支部、本社東支部、本社南支部、近畿東海支部、西日本支部の五支部制であったが、二〇〇二年に本社中央支部、東日本支部、西日本支部の三支部制となった。

二〇〇四年には一期二年であった役員任期を一期一年制へと変更したが、二〇一七年から一期二年に戻した。本部役員の任期は結成時点で二年であり、二〇〇四年から二〇一六年までは一年、二〇一七年以降は支部と同じく二年となっている。

支部が再編された二〇〇四年の東日本支部長は小笠原豊であり、以降は清水正人、尾崎勝政、白尾善生と続き、二〇一五年から現任の大谷辰也となっている。つまり大谷は、六年間という長期にわたって就任中なのだ。筆者が大谷に会ったのは東日本支部室である。これまでに何度も紹介した新宿ビルにある（一〇ページの写真参照）。

支部の若手役員たちから「包容力の人」と称される泰然自若とした大谷にとって、労組の原体験はオープンショップ時代の組織拡大である。執行委員であった大谷は、「未加入者に何度も拒絶され、何時間も待たされ、何か月もあとになってやっと一人が加入してくれた」と言って笑っていた。

「ＫＤＤＩ労組の本部は支部の集まりだ」と喝破する大谷は、支部の職場情報を本部に届け、その本部があたかも支部活動として会社と労使交渉するのが理想だと考えている。

そして、副支部長であるベテランの吉永徹也にも東日本支

2019年冬は横浜でクリスマス会を開催した。生バンド演奏、腕相撲大会、ケーキ早食い競争などに興じる（提供：KDDI 労組）

東日本支部委員会（2020年開催）中心で拳を突き上げる大谷支部長（提供：KDDI 労組）

部室で会っている。吉永は、本部役員を退任してからも「まだ労組をやり切っていない」と言って熱心に支部活動を続けている。あえて若手役員の「壁」に徹し、支部のご意見番として活動を見守りながら、手取り足取り教えて、次世代のリーダーを輩出することを狙っている。

この二人は尾崎勝政に鍛えられ、その尾崎は上口洋典《かみぐちひろのり》に鍛えられた。見えないところで、会社側が知らないところで、伝承が続いている。

本社中央支部長は、佐藤真、遠藤晃、車塚成美、船戸正一郎、梅田基弘と続き、二〇一五年から大野敦史へと託された。どの支部も本部活動に目を凝らすいわば目付であり、機関会議では質疑の応酬が激しく繰り返されるわけだが、とりわけ本社中央支部はその傾向が強いと思われる。

本社中央支部は、ＫＤＤＩ本社のあるＧＡＴ（飯田橋ガーデンエアタワー）と近隣拠点をカバーしているのだが、ＧＡＴが竣工した直前の二〇〇三年に入社したという大野は、「自分の歴史はＧＡＴの歴史」と言い切っている。

大野も大谷と同じ年に支部長となったから、やはり長期就任である。就任したとき、胸中では、本社業務の特性などが影響しているからか、一時期低下した支部活動の求心力を立て直すことを誓った。裁量労働制である勤務特性を活かして支部活動に没頭した大野は、「そのミッションは達成された」と胸を張っていた。

二〇二一年二月に開催された中央委員会では、新人事制度に関して先行適用者と二〇二二年から適用予定となっている組合員の双方から意見を徴収したとする本社中央支部が、「一律適用に対する不安は大きい」という態度を示した。また、導入を急ぐあまりの待遇の引き下げや、詳細な検討がないままの適用は許されない、労使間の合意がない場合の一律適用を再考すべき、などの厳しい意見で釘を刺している。まさに「ご意見番」である。

二〇二一年七月、本社中央支部長は大野から前田健雄へと交代した。早速、筆者はGATにある本社中央支部室へと向かった。

一九七一年生まれの前田は、熊本県荒尾市の出身である。福岡大学経済学部を卒業した一九九四年に「九州セルラー」に入社し、契約センターでの仕事をはじめた。KDDIとauの合併後も九州地区でさまざまな仕事に就いたが、二〇一六年に本社のマーケティング推進部へ異動となり、GATでの勤務となった。元々、西日本支部で執行委員の経験があり、本社中央支部でも執行委員となり、当初は支部の特徴の違い

2020年のJAXA（宇宙航空研究開発機構）バスツアー。子どもたちも笑顔に（提供：KDDI労組）

2019年、本社中央支部新春の集いの鏡開き。酒はもちろん情報労連加盟労働者がつくる高清水（提供：KDDI労組）

に戸惑いながらも、企画部長、事務局長を経て新支部長となった。

前田は、コロナ禍でもオンラインイベントを駆使して活動の歩みを止めなかった点で高い評価を得ている。その一方で、職場会の参加などから冷静に判断すると、大野が底上げしてきた支部の求心力がコロナ危機によって再び揺らぎはじめたことに危機感を抱いている。そのため、執行委員の強い結束を背景に巻き返しを狙っている。

西日本支部は、静岡以西をカバーする広域の支部である。歴代支部長は、西坂佳幸、須藤猛敏、岡田弘明であり、二〇一三年から鈴木《すずき》嘉仁《よしひと》が長期就任したあと、二〇一九年に藤本孝幸と交代している。立地上、西日本支部には特殊な要素がある。ほかの四支部の拠点はすべて東京であり、支部長会議、事務局長会議などは東京で開催されるため、西日本支部長はテレビ会議に参加するか、頻繁に上京するかを迫られる。

パワフルな西日本支部長として知られる鈴木は、頼りにされるから、会議の移動のみならず、支部の広域エリアを足しげく巡回した。非専従なのに支部活動に前向きで、上司の評価は低かったと自嘲する。また、鈴木は、そ

本社中央支部長になったばかりの前田健雄。2021年撮影（提供：KDDI 労組）

れまでほとんど話題にもされなかった支部間の交流に心を砕いた。本部との交流だけでなく、横の交流ができはじめた。

二〇二一年六月、筆者は鈴木《すずき》から支部長を引き継いだ藤本（二六五ページ参照）に会うために連絡をしたところ、「福岡市に勤務している」と言う。また、ＪＲ博多駅前のビルだと言うので、山陽新幹線に飛び乗った。大阪から博多までは二時間半ほどだから、それほど遠くはない。だが、「私に会うためだけに来たのですか?!」と藤本は驚いていた。

藤本は、大阪市で一九八二年に生まれ、大阪国際大学の法政経学部を卒業後、光通信を経てＫＤＤＩエボルバに転職し、京都でＫＤＤＩから受託した量販店への営業をはじめた。ＫＤＤＩが委託から直接営業へ切り替えた際、ＫＤＤＩ採用で地域営業社員となり、ユニオンショップ協定によって組合員となった。その後、二〇一三年に執行委員になり、企画部長、総務部長を経験したのち、二〇一五年、副支部長に就任している。

現在は総合職に転換しているが、新支部長として二年間が経

2018年、熊野古道の「道普請」。西日本支部も参加して地元の世界遺産を守る

2022年正月に向けてオンラインしめ縄づくりイベント（提供：KDDI労組）

過した藤本の懸案事項の一つは、支部役員の人材確保と育成である。全国や海外へ展開する大企業の常態と言ってよいと思うが、西日本支部の職場で頭角を現す総合職の若者たちが次々に東京へ異動していくという傾向が否めないからである。

とはいえ、地域に根差した職種である地域営業社員には支部役員を引き受ける有能な若者も多く、構成上の調整や要求のとりまとめに腐心している。藤本は会社側と積極的に折衝することの重要性と成果に手応えと自信をもち、支部役員たちと連携しながら、次々と発生する組合員たちの問題解決に駆け回っている。

一方、二〇一一年に結成され、全国に分会を展開するＫＤＤＩエンジニアリング支部は、細川泰幸が支部長となって草創期の六年間を駆け抜けたあと、二〇一六年に佐藤宗紀が支部長に就任した。本部役員を退任した直後に佐藤が支部長となったのは、本格的な支部強化に乗りだすためだと思われる。

ＫＤＤＩエンジニアリング支部は「通信建設部隊」であり、多くは建設業に生きる職人集団である。佐藤が本部役員の立場から接した組合員や役員は、純真である一方、頑なな職人気質も見られたという。

二〇二〇年二月に開催された中央委員会では、ＫＤＤＩエンジニアリングのブロック総合職制度の廃止が決定されたが、支部内には賛否両論の応酬があり、かなりの時間をかけて議論している。建設業界の各社では、地域限定の働き方というのは労働者から人気が高い。だが、競争環境が激しく集中化しており、事業対応による配置ができる総合職化が進められている。KDDI労組は会社と協議を重ねて、廃止による不利益緩和措置を獲得してから、ブロック総合職制度の廃止を選択した。

また、このときの中央委員会では、KDDIエンジニアリング支部から本部提案に対して修正動議が提出され、テレワーク手当の新設を求める意見が出された。結局、会社側が臨時措置として一時金支給時にコロナ禍支援金を支給していることや、今後も会社負担経費と手当の見直しに関する労使協議の継続が確認されていることなどから、この修正動議は否決されている。

だが、KDDIエンジニアリグ支部の要求は、目先の手当をめぐる勇み足と断言することはできない。コロナ禍の収束が見えないなか、組合員の声として、収束後の在宅勤務体制について問いただしているからである。

佐藤は、「組合員の不安が大きい事実を本部とともに認識し

2018年に関西拠点で開かれたKDDIエンジニアリング支部の女性職場会（提供：KDDI労組）

研修中の新入社員を集めた2018年合同職場レクリエーション（提供：KDDI労組）

たい」と述べた。ＫＤＤＩ労組が、コロナ収束後、社内のテレワーク実施率の分散、要求手当の範囲と規模など、あらゆる要因を勘案した積極的な労使協議に入るのはまちがいない。こうした組合員たちの声に基づく支部からの反発、ＫＤＤＩ労組の強みが顔を出す瞬間である。

一方、生まれたばかりのＫＭＯ支部は、相変わらずあれこれとＫＭＯ流で仕掛けていた。筆者は、労組本部会議室で、ＫＭＯ支部を主導する橋本源太や井澤大輔の話に耳を傾けた。

二〇二〇年、ＫＭＯ支部は、総労働時間の短縮に関する交渉で三日間の夏季特別休暇の新設に成功した。なかなか労働時間が減らせないが、メリハリだけはつけようと試みたわけである。その結果、八割を超える組合員がこの夏休み休暇を取得し、一気に支部は盛りあがった。

ただし、橋本や井澤は、ＫＭＯ支部が少し落ち着きかけている気配を感じ取っている。ＫＭＯ支部にも全国展開の広がりがある。それゆえ、支部の結成へつなげた組合員の熱意をそのま

KMO 支部結成後初の「2020年新春のつどい」では労使で鏡割り。労組本部から柴原（右から２人目）も参加（提供：KDDI 労組）

2021年、リモート謎解き脱出ゲームに興じる KMO 支部（提供：KDDI 労組）

ま維持したいと考えていた。とはいえ、KMO支部の組合員の年齢層や女性比率を考えると、出産育児関連制度やハラスメント対策が急務になるなど課題は多い。そのため、これからも政策、制度、労働条件などの導入や改定に対して積極的に取り組み、常に支部内への情報提供とその周知、意見や相談の収集に邁進したいところである。

「もっとみんなを巻き込みたい」と言う。また、「KMO支部から単独のKMO労組にしないのか」といった筆者の問いに対して、橋本は「あるかも」と答えたが、井澤は「まだまだ」と言う。「KMOな」人たちの本音であろう。

コロナ禍は思うように収束せず、本部のみならず各支部もオンライン会議が常態となり、支部委員会や支部大会もウェブ開催となった。集合も直接対話も封じられ、組合員たちもリモート勤務で職場から姿を消した。「支部な」人たちの苦悩と挑戦はこれからも続く。

エピローグ――未来へ

終わりははじまり

二〇二一年七月、KDDI労組の第二五回全国大会において、後藤一宏は委員長を退任した。国際電電に入社した最後の委員長であった。二〇一三年から八年間にわたる委員長職は前例のない長期就任であり、本部役員に選出されてから数えれば一五年になる。

ただし、国際電電労組時代には、一九五三年の結成時に書記長に就任して以降三役入りし（途中四年間は本部役員を退任）、一九六三年から一九七九年まで委員長を務めた山田克己がいる。国際電電労組を含めれば、後藤は山田に続く史上二番目の長期体制で指揮を執ったことになる。

後藤と交代して新委員長の座に就いたのは春川徹であった。春川も本部入りしてから一一年間に及ぶ活動歴があり（途中四年間は特別執行委員で情報労連）、後藤委員長のもとでの事務局長を四年間務めている。

春川の委員長就任は、活動歴から見て当然かもしれないが、実はもう一つの必然がある。その伏線は、二〇一五年から二年間という才木誠吾の特別執行委員にある。この期間のＫＤＤＩ労組の特別執行委員は、杉山豊治《とよじ》（連合）、宮原千枝（情報労連）、浦早苗（情報労連）に加えて、本部常勤の才木誠吾の四人であった。特別執行委員の四人体制というのは旧労組を含めて初めてであり、最後である。その意図は、労組活動経験の最大化であった。

2021年より第６代委員長に就任した春川徹（提供：KDDI 労組）

旧労組の時代は、一九八〇年代以降、上部産業別組合である情報労連（当時の電通労連を含む）へ派遣後、再び労組本部に戻って三役入りするというのが通例であった。松下正治、横川弘隆、金澤俊治などがそれに該当するが、千葉仁平《にへい》のように委員長に就任するといった例もある。労組経験のうえに産業別組合の活動経験を積みあげ、本部役員として職責を全うするキャリアプランの視点があったからである。

ところが、ＫＤＤＩ労組の結成は、こうした役員キャリアの重層性を吹き飛ばした。結成時に情報労連にいた五十嵐晋は本部に戻ることなく退任しているし、次の杉山豊治は本部に戻らず情報労連に留まっている。

この流れを変えたのが才木誠吾であり、情報労連の役員を退任してからも労組を退任せず、特別執行委員として本部に留まった。その後、二〇一七年からの二年間、同じく情報労連から戻った宮原千枝とともに副委員長に就任した。その次に情報労連から戻った春川が、同ルートの才木と宮原が退いたところで委員長に就任した。だから、一つの必然性があるといえる。

二〇二一年、新役員として新たに大野敦史と吉田久男が加わり、柴原准二が特別執行委員として情報労連の役員となった。吉田は、KDDIエンジニアリング支部から本部に加わっている。

二〇二一年一〇月、飯田橋のGATにある労組本部を訪問して吉田に会った。前日には、新宿ビルで栗山真人、GATの本社中央支部室で前田健雄に会っているが、この二日間で、本書を執筆するためのインタビューは終了となった。

吉田は一九八八年に静岡県沼津市で生まれ、父親の転勤が理由で各地に住んだ。大学進学時は新潟市にいて、新潟と栃木の職業能力開発大学校情報科を卒業後、二〇一〇年にKDDIテクノに入社した。二〇一四年にKDDIエンジニアリング支部の執行委員となり、政策部長、副支部長を経て本部役員に就任している。永渕達也や早川英孝とともに吉田は政策局の一員になった。

東日本大震災では、吉田も当時所属していた中部支社から仙台市入りし、各地から復旧のために集まった労働者の統括で奮闘した。また、二〇二一年二月に開催された中央委員会において、リモート手当の支給をめぐって本部提案へ修正動議をぶつけたのも副支部長であった吉田である。

一方の大野は、柴原に代わって副委員長に就任したが、この就任というのには前例がなかった。大野は直前まで本社中央支部長であり、本部活動の目付に徹する支部長は本部役員に入らないという不文律がKDDI労組にあったからである。

KDDIエンジニアリング支部から本部政策局の一員となった吉田久男
（提供：KDDI労組）

支部長の地位は、実質上、委員長相当である。ということは、本部経験のある支部長なら別だが、ほとんど本部経験のない支部長であるため、本部入りして委員長相当になるというのは現実的ではなく、これまで前例がなかった。実際、大野は支部長に就任する支部大会の挨拶において、「これで本部役員の目はなくなった。支部活動の集大成のつもりで支部の組織力強化に邁進する」と語っている。

あり得ないはずの副委員長就任、その鍵となったのは、二〇二二年四月からKDDIに全面導入される新人事制度にある。ＫＤＤＩ労組は一斉導入に「ＧＯサイン」を出したが、詳細な運用については未知数であり、潜在的な課題が山積していた。組合員の声を集めながら会社側と対峙し、地ならしをしながら仕上げていかなければならない。

歴史は繰り返す。そう、この構図は、是非で揺れた二〇一二年の裁量労働制の導入時と同じである。本部提案に修正を迫った本社中央支部のなかにいて、その後は支部長としてまとめあげてきた大野に、あえて慣例を破り捨てて白羽の矢を立てたわけである。

「多くの組合員たちが反対した裁量労働制は、『二〇時退社ルール』など小手先の働き方改革が非現実的であることもあって、今や九五パーセント以上の適用者が賛成するほどの様変わりだ」と、大野が不敵に笑った。たしかに、裁量労働制に関して労使委員会にもち込まれた苦情処理案件はゼロである。

ＫＤＤＩ労組は、「より良い会社を作る」というスローガンを大切にしている。新人事制度が機能不全になれば将来への影響は計り知れない、といった危機感がいかに大きいかが分かる。組合員たちを束ね、会社の存亡まで視野に入れているＫＤＤＩ労組は、裁量労働制のときと同じく、逃げないで立ち向かうことを選んだ。その意味で大野は、本部をまとめて労使で新人事制度を仕上げる「特命副委員長」であるといえる。

とはいえ、慣例破りには反対意見がつきものである。それを正面から受けながら、旧習を捨て新しいＫＤＤＩ労組へ脱皮させるために強行した後藤と春川の新旧委員長の英断が光る。

二〇二一年一〇月、前ＫＤＤＩ労組委員長の後藤一宏は会社には戻らず、新たな活動の場を求めて連合に向かった。ＫＤＤＩ労組の特別執行委員が連合本部入りするのは杉山豊治《とよじ》以来二人目である。しかし、情報労連を経て連合でも活躍してから「連合総研」[1]の副所長となり、去就が注目されていた杉山の姿、今はどこにもない。

現役幹部たち（2022年撮影）右から長谷川副委員長、春川委員長、大野副委員長、登尾事務局長（提供：KDDI 労組）

献花式に集う

二〇二〇年六月、急性骨髄性白血病と診断された杉山豊治は入院し、八月に受けた骨髄移植手術が成功して快方に向かっていた。後藤にも電話をかけてきたというが、一〇月下旬になると「再発した」との知らせが入り、二〇二〇年一一月九日午後五時三二分、帰らぬ人となった。

一一月一五日、町田市において家族による葬儀が執り行われ、その後、相模原市でＫＤＤＩ労組と情報労連の共催で献花式を挙行した。会場の正面には、ブルーのシャツを着た杉山がマイクを取って話しかけている大きな写真が飾られ、労組仲間の到着と開会の時を待っていた。

大阪から駆け付けた筆者の隣には渡邊拓也が座っている。千葉仁平《にへい》ら旧労組、上口洋典《かみぐちひろのり》らＫＤＤＩ労組のＯＢ・ＯＧが勢ぞろいしているほか、田中孝司前社長の姿も見える。情報労連の幹部たちも揃っている。渡邊が「ああ大先輩ばかりだ」とつぶやき、神妙な顔を見せたところで献花式がはじまった。

(1)　連合総合生活開発研究所。労働者とその家族の生活の向上、日本経済の健全な発展と雇用の安定に寄与することを目的として一九八七年に設立されたシンクタンク。幅広く研究調査活動を進め、その成果を公表している。

杉山豊治さん献花式の祭壇

開会されると、全員が黙祷してから、披露される杉山の略歴を聞きながら、それぞれが一番思い出深い場面で聞いた杉山の肉声をそれに重ねながら偲んだ。お別れの言葉に移り、立ちあがった情報労連委員長の野田三七生《みなお》が祭壇に向かって、大声で「杉さん！　杉さん！」と何度も呼びかけた。

「早いよう！」

野田は、思い出話のあとに情報労連と連合の政策通としての仕事ぶりをたたえ、杉山がまとめあげた「情報労連二一世紀デザイン」を写真のそばにそっと置いた。

お礼の挨拶に移り、杉山からKDDI労組役員たちへ幾度となく伝えた教えを後藤一宏が改めて口にしたが、途中からは涙があふれて止まらない。それでも構わず、身を震わせながら杉山から受け継いだ言葉を続けた。

「労働組合っていうのは、先輩たちから預かった財産、宝物。だから、常に磨き続けて、ピカピカにしておかなきゃいけない。もし、磨き続けることができないなら、せめて汚さずに次の世代に渡していかなきゃあかんよな。それがお前さんたちの使命なんだ」

最後の献花になると、会場内にいた者が立ちあがり、順に花を手向け、退場していく。会場の外では、黒山の人だかりが列をなして献花を待っている。宮原千枝、瀬田奈緒子、山田耕平、甲《こう》地良衣《ち》らの姿も見える。最寄り駅から会場までの案内や会場の受付を担ったKDDI労組と情報労連の役員たちも最後尾に加わる。普段は会わない、いや会うことのなかったはずの人々を、杉山が大量動員して引き合わせることになった。

その風景を振り返りながら帰路に就こうとする直前、春川徹と目が合った。その場で、本書に掲載するためのインタビューのアポを取り、「もし、委員長になったらまず何をやるつもりなのか?」と尋ねようと考えた。春川が次の委員長にもっとも近いと直感していたからである。そして、この予想は当たった。

結成二〇周年を経過したKDDI労組にとって、役員、組合員、OB・OGたちにとっても、「終わりははじまり」である。「先輩たちから預かった財産、宝物」――その行方はいかに。KDDI労組が紡ぐ未完の物語、これからも続く。

みんなは思っている

後藤一宏は思っている。KDDI労組が結成されて以降一〇年間のオープンショップで大きなエネルギーを使ったが、劇的な成果もなく消耗した。職場では、新入社員も管理職もみんなが混乱していた。苦労の果てのユニオンショップによってエネルギーをあらゆる活動へ振り向けられる現在とは雲泥の差である。

これまで労組活動に深くかかわり、やり抜いてきたという自負はあるが、東日本大震災が起きたことで、燈台下暗しになっていなかったか、労組は困っている組合員に手を差し伸べることを本気でやってきたのか、と自問するようになった。連合に行ってからも、そのことを決して忘れていない。

長谷川強《つよし》は思っている。ＫＤＤＩという会社は走りながら考える。「結果を出せ」と言いながら撤収も早い。だが、ＫＤＤＩ労組は地道な積みあげで慎重に進める。それはみんなの組織だからだ。そうした先輩たちからの活動を否定する人たちがいたことは辛かった。労組とは、「実は人間を知るところなのかもしれない」、と。

大野敦史は思っている。労組の活動はみんなで車に乗り込む状態に似ている。運転したがる者がめっきり少なくなった。たまに運転を教えてくれという者がいる一方で、運転はしないが車には乗ってくれる者がいる。また、乗りたくない者を無理やり乗せるときもある。「みんなで乗ったら会社はもっとよくなる」、と。

登尾直樹《のぼりお》は思っている。合併のめぐりあわせで、好きで入社した会社がなくなってＫＤＤＩの一員となった。岐路に立って自分の姿を見て、思い切って労組の活動をはじめた。労組の活動では支部と本部を経験して、「いろいろな背景をもつ組合員の職業人生の役に立てるのなら徹底的にやってもよい」と心に決めた。

安藤祐樹は思っている。支部役員のモチベーションは低下していないだろうか。支部役員は、声をかけられて引き受けているわけだから拒絶はしない。とはいえ、自主的に活動に取り組んでいるのだろうか。支部役員手当を当てにしてやっているようなら、会社をより良くする力が弱くなってしまう、と。

伊藤友明は思っている。東日本大震災から一〇年、これまで全国大会を現地で開催し、労組で毎年のボランティアツアーを続けた。会社と共同で、あるいは情報労連や連合の名目で多数の組合員が参加したという記録が手元にある。「もうＫＤＤＩ労組さんくらいしか来なくなった」と言われるが、風化させるわけにはいかない、と。

村田唯は思っている。会社と比べて、労組は古くて硬い組織だと実感している。だが、女性だけの職場会をやっていると、上司のことや女性特有の悩みに気づいたり、また共有されたりして、最後は解決につながることがある。別々だったみんなが横につながるときに労組の力を感じるし、働きやすくなる分だけ離職率を下げている、と思っている。

小川原《おがわら》亮は思っている。空気を読んだりする性格だったが、思い切って自分を変えようと思ったタイミングで労組の役員になった。それがよかった。何かにつけて、チャレンジできるようになった。すると、会社がよく見えるようになった。名の知れた大きな会社なんだからしっかりしようよ、とさえ思えるようになった。

永渕達也は思っている。ＫＤＤＩ労組には財産がたくさんあるし、役員も絶対に手を抜かない。だから、よほど困ったことにならないかぎり他人事になりがちである。だが、自分たちの待遇は自分たちでしっかりと考える必要がある。労組が続けられなかったら……と想像してみて、「それでよいのか？」と問うている。

早川英孝は思っている。支部で役員候補に声をかけまくった経験からすれば、やり方次第で支部における執行委員のクミジョは増やせる。本部役員のクミジョとなると簡単にはいかないが、各支部が意識を合わせて取り組み、本部も乗りだしてくるのならこれからできるはずだ、と。

吉田久男は思っている。会社はスピード感重視で制度変更の提案をしてくるが、労組は組合員を守るためにじっくりやりたい。また、合理的な観点からの議論が必要だが、「会社が賃金などを出し渋った」と受け止めたときの組合員たちの落胆ぶりについては分かっていない。どれだけ働いているのか凝視して欲しい、と考えている。

甲地《こうち》**良衣**は思っている。本部役員の働きすぎが目に余る。初めて本部に来たころよりも明らかに労働時間が長くなっており、夜遅くまでみんな仕事を続けている。組合員が一気に増えたことが理由だろうか。やることが多くなっているからなのだろうか。組合員の働き方の改善に身を粉にして努力する人たちの健康を、心から心配している。

松江小洋《こひろ》は思っている。会社の株式を買ったとき、「損失が出たら」とか「労組の金を使うな」といった反対意見がたくさん出た。だが、頭をよぎったのは、三社合併時の巨額の有利子負債だった。もし会社が倒産しても、労組は残る。そのとき、株式を保有する労組が意見を言えるほうがよいはずだし、経営状況に対しても責任感が出てくると考えた。

金澤俊治は思っている。国際電電労組時代から続けてきた経営計画に関する事前協議は重要な活動だ。ＫＤＤＩ労組になっても労働協約は継承された。事前協議の規模や内容が変わったとしても、労組が会社の考えていることを知り、意見を言って積極的にかかわるべきだ。伝統と財産を大事にしなければならない、と。

五十嵐晋は思っている。オープンショップになったとき、首を傾げた。第二組合や第三組合が出てきてもおかしくないし、労組で育ったリーダーたちを会社で活用したくないのか、と。また、会社の考える労務政策をやりたいからやりたいようにやる、で済むと考えていたのか。現在でも謎が多い。

上村正紀は思っている。ＫＤＤＩ労組の組織拡大活動や各社制度の統合は思い出深いものだが、旧労組末期の合理化対策も強烈だった。次々と職場の廃止や統合があり、全国を回って組合員の「憎まれ役」をやっていた。だが、会社との交渉力があり、労組からどんどん提案を行ってきた。若者たちにとってのやりがいとなった。

小澤介士《かたし》は思っている。労組は会社に対する役割も大きい。会社はいろいろと制度を変えてくるが、あまりにも安直に考えている。それをきちんと組合員たちに説明して話し合う。だからこそ不満や不安に感じる点や納得できる点などが浮上し、もっとよい制度にできる。労組がなければやはりうまくいかない、と。

田原龍一郎は思っている。ユニオンショップになって会社はルールを守り、労働者は大事にされるようになった。ただし、それは組合員範囲の話で、管理職の労務政策はどうなのだろうか。組合員たちが管理職になって労組を抜けたら、という問題の立て方がありうる。自己責任と言われがちだが、これは労組の盲点である。

大西充《みつる》は思っている。労組は会社のズレをなくしてきた。会社は会社のことだけでなく労働者のことを考えているかもしれないが、ズレている。社内には上を向いて仕事をする人が多いから、またズレる。労組が意見を言い、ズレをなくしていく。その経験者が管理職になったら、きっと労組の応援団になる、と。

上口洋典《かみぐちひろのり》は思っている。管理職になって分かったのは、労組が淡白な態度になってきたことだ。「会社側にもっと言わなきゃ、あれもこれも言わなきゃ」とついダメ出しをしたくなる。支部は職場への感度を高めて、職場目線、支部目線で、遠慮することなくもっと踏みだして活動しなければならない、と。

渡邊拓也は思っている。子会社へ出向してみて気になったのは、労組がないことだ。労働者たちはどのように考えているのか。労組を知らないのかもしれないが、労組がなければその意義も分かるはずがない。働き方は本当に今のままでいいのか。そこが分かって欲しいところだ。火を、どのようにして付けたらいいのか、と。

松井一浩は思っている。ＫＤＤＩエンジニアリング支部の立ちあげはとても苦労したが、本当によかった。本部みんなの力も借りたが、組合員や役員が自分たちのために一生懸命に支部をつくろうという熱い気持ちが結成につながった。労組の原点を見た思いがした、と。

才木誠吾は思っている。役員の育成は縁や行き当たりばったりではだめだ。役員のなり手がいないというが、適任者はたくさんいる。そのギャップを解消するためには、人材像と役割を明確にして、労組幹部をつくれるようなキャリアプランニングを真剣に考えて着手するときではないだろうか、と。

宮原千枝は思っている。悲願だった勤務間インターバル時間の拡大が実現してよかった。会社に戻り、管理職になってから、悪質クレームが多すぎることにすぐ気づいた。昔からあったことだが、ひどいケースが増えている。真面目に働く者がどうして攻撃されるのか。そろそろ決着をつける時期だろう、と。

吉永徹也は思っている。組織拡大のとき、「自分には関係ない」、「労組なんていらない」などといった未加入者の言葉は強烈だった。それらは、現在の若者たちの本心を先取りしたものだった。そうではない、と言いたい。だから、労組の素晴らしさを体験して欲しい。少し若返りしすぎというきらいはあるが、これからも支部役員の後進を育てたい、と。

瀬田奈緒子は思っている。労組にもジェンダーギャップがある。女性役員が増えつつあったとき、第一号の宮原さんは飄々としながらも大変苦労していた。男性たちは女性にやさしいが、本当は慣れていないし、自覚もない。男女平等とは男性への同質化という誤りに気づくなら未来は変わる、と。

山田耕平は思っている。一〇人くらいの委員長を至近距離で見てきた。みんなそれぞれだった。ＫＤＤＩ労組では、松江はギャンブラー、小澤はクレバー、上口《かみぐち》は親分肌、渡邉はとにかく明るい。後藤はこれまで見たこともないタイプで、スバ抜けている。何事に対してもきっちりしていて、頭脳的で行動的である。労組役員には適任だ、と。

栗山真人は思っている。労組役員をやっていて、「真面目すぎる」、「やりすぎだ」とよく言われたが、みんなの活動だから疎かにはできない。支部でのいろいろな手続きにせよ、本部での総務系の仕事にせよ、丁寧にきっちりやり切れるという組織の体質や力量があってこそ、労組の本当の力が最大限に発揮できるはずだ、と。

猪口大樹は思っている。人間というものは、楽なことは何も覚えていない。本部の四年間は、決して忘れることができないほど濃厚なものであった。本部役員にもいろいろな考え方がある。決めてしまえば絶対にやり遂げることになるが、決めるまではベクトルが違う。徹底的に話し合い、認識を合わせていくことが労組の力を高めることになる、と。

佐藤宗紀は思っている。数年後のＫＤＤＩ労組は、現在よりも会社と対峙しているかもしれない。最近、会社側は労組に対してドライだし、支部の立場からの実感として、そういう方向にあるような気がする。組合員の意見をどれほど尊重するかどうかにかかっているが、労組の存在意義が高まる機会である。

浦早苗は思っている。非正社員の待遇がもっとよくならないか。コンビニは定価販売が原則だ。しかし、正社員なみに働く非正社員は定価になっていない。会社は都合よくディスカウントしていないか。いつまで非正社員の待遇格差が残ったままなのか。労組は、もっとガブガブと噛みついたほうがよいはずだ、と。

柴原准二は思っている。職場会が低調になってきているかもしれない。職場会は、自分たちの職場を改善するという当事者経験が自覚できる場であるし、仲間と話し合えば自分の働き方を客観視できる機会ともなる。ところが、この一番大切な活動への参加率がじりじりと落ちている。いかなる環境でも、絶対に外すことなく中心に据えたい、と。

春川徹は思っている。ＫＤＤＩ労組の結成では、先輩たちは国際電電労組・ＫＤＤ労組の伝承を考えていたはずだ。その後は旧労組以外の人ばかりになっていったが、きちんと融合できた。

労働者は経済至上主義でよいわけがない。労働者を脅かすものは突然にやって来る。頑張っても報われない人がいる。労組の出番だ。また、会社が激しく競争するのはよいとしても、同じ産業の組合員はつながれるし、共感できることもある。それを会社にぶつけ続けることだ。労組は労働者の最後の砦であり、生命線である。そして、先輩たちが手渡してくれた大事な宝物だ、と。

ウエディングベル

ＫＤＤＩ労組では、本部役員が退任したあと、支部の強化を狙って支部役員に戻るという例がある。だが、本部役員から支部長となったのは、今のところＫＤＤＩエンジニアリング支部の組織力強化を仕上げるために就任した佐藤宗紀だけである。そんな佐藤は、職場結婚ならぬ労組結婚した点でも唯一無二の人である。

本部役員であった猪口大樹は、情報労連東京都協議会の青年女性委員会に参加し、同じくＫＤＤＩ労組から参加していた東日本支部役員の門田美雪と意気投合した。ＮＴＴ労組をはじめとして、加盟労組の若手役員たちと一緒にイベント企画について話し合うと学生時代に戻ったような気がした。

波長が合う猪口と門田はとても仲がよく、恋の話で盛りあがったとき、「実は大好きな人がいる」と言われ、それが本部役員の佐藤であることを知った。それから猪口は、門田の佐藤への思いを聞いたり、門田から「今日は佐藤さんと話せた」といったほほ笑ましい連絡が届くようになった。

猪口には思い当たるフシがあった。門田は何かにつけて本部事務所に顔を出すことが多いなー、と感じていたのである。門田が支部活動に熱心なのは、佐藤が目当てだったと合点がいった。門田は東日本支部の副支部長を引き受けるほどの中心人物だから、何も問題はなかった。

後藤委員長もそんな門田に目をかけていた。委員長室に呼び入れて話し込んだりもしていた。せっかく佐藤をチラ見しに来た門田にとっては、ありがた迷惑であっただろう。つまり、後藤は邪魔をしていただけとなる。

それならば……と、猪口は二人がゆっくり会える時間をつくろうと決意した。退勤後に佐藤と居酒屋に寄った猪口は、思い出したように門田に電話をした。すでに帰宅して

KDDI 労組旗（提供：KDDI 労組）

いた門田だが、すぐに駆けつけた。門田の本気度を感じた猪口は、それから何度か週末に二人で食事をするという機会をつくった。

「よし、二人だけにしよう」と考え、口実をつくって先に帰ろうとする猪口が振り返ると、「やっぱり恥ずかしいから私も帰る」とささやく門田が立っていた。この時点で、佐藤はまったく何も気づいていなかった。

それからあまり時が経たず、佐藤と門田は交際をはじめ、しばらくして婚約した。そして、東京タワー近くの挙式会場でウエディングベルを聞いた二人は、披露宴の際、司会者が新郎新婦の紹介で読みあげた「新婦の熱い思いに新郎がこたえる形で……」のくだりに満面の笑みを浮かべた。このとき、猪口は開いた口がふさがらなかった。

労組結婚らしく、二人は後藤一宏や細川泰幸をはじめとして、本部と支部から大挙して集まってきた仲間たちからやさしく、また激しく祝福された。披露宴が進み、祝杯が重なるほどに騒がしくなってきた。大谷辰也がやけにはしゃぐ様子を見て苦笑した佐藤は、人生の晴れの日、そのたくさんの笑顔のなかに生涯忘れることができない杉山豊治《とよじ》の笑顔を見つけた。

あとがき

後藤一宏は、ＫＤＤＩ労組にとって初のオンライン開催であり、自身にとって最後の機会となった二〇二一年二月に開催された中央委員会挨拶のなかで、初代委員長松江小洋《こひろ》の言葉を引用し、二〇年の重みを語っている。

「私（松江）は全国を回って直接対話し、すべてにおいて個人にとってのメリット、デメリットの視点で判断されるのか、という疑問にぶち当たることとなりました」

後藤は、ＫＤＤＩ労組が結成されたあとの初期活動が組織拡大に紐づけられ、たった一人の未加入者の同僚に加入の手続きをしてもらうことがいかに大変なことであったかを想像するようにと参加者に促した。さらに、二〇年前の松江の言葉を続けた。

「活動の基本は職場会です。非専従で働き、時間外で活動を行う支部役員の視点は、常に一緒に行動する職場にあります。職場会を大切に思い、忌憚のない意見が言える場を大切にしていきたい」

後藤は、オープンショップで苦しみながらも追い求めたことがユニオンショップにつながり、組織の基盤が拡大した現在でも、色あせることなく一層重要であることを教えてくれる、と二〇年の時をつないだ。

ＫＤＤＩ労組は、この中央委員会において、一万二〇〇〇人を超える組合員に対して実施した「コロナ禍における働き方に関する課題調査」の結果に基づいて、コロナ期の勤務形態、労働時間、有休取得、感染症対策、自宅の労働環境などについて討議を重ねた。ＫＤＤＩ労組は、先人たちが想像することもできなかった職場の激変に直面している。

本書執筆の依頼が筆者に来たのは二〇一七年末である。連合総研の副所長である杉山豊治《とよじ》から突然相談を受けた。開口一番、「私の出身労組であるＫＤＤＩ労組が二〇二〇年に結成二〇周年を迎えるのにあたって、記念出版に協力して欲しい」と言われた。出版社を紹介して欲しいという依頼かと思っていたが、「あなたに書いて欲しい」と言われて驚いた。話し込んでいるうちに、杉山には三つの目論みがあると推察した。

第一に、通常の「労組周年記念史」では満足しないこと。いわゆる周年史業界があり、どの労組も記念時期が近づくと営業をかけられている。労組の沿革を記し、活動を振り返ってＯＢたちの座談会を入れる。カラー刷り、箱入りで、見てくれもよい、「そんな手垢のついた流儀は嫌だ」ということであった。

第二に、これまでの労組の活動を、これからの労組を担う後輩に伝えたいという意向が強かった。だから、書店に並ぶ一般書で示したいと強く希望していることが筆者にもよく伝わってきた。そういえば、ＫＤＤＩには、稲盛和夫の自著や氏を描いた一般書においてその発想や行動様式を描き、社員に伝道してきたという文化がある。

第三に、ＫＤＤＩ労組の関係者だけでなく、広く国民に労組の存在を知ってもらいたいという熱意があった。今や、労組に対する情報が乏しく、企業別組合の実像が見えていない。単組の幹部、情報労連、ナショナルセンター連合で活躍してきた労働運動家なら、労働界の心もとない現況を見れば当然そう思うであろう。

二〇一八年二月、ＫＤＤＩ労組委員長の後藤をはじめとして本部の幹部役員と会い、この企画に「GOサイン」が出された。情報通信産業と労働運動の文献調査をはじめたあと、最初の話し手となったのも杉山本人で、二〇一九年三月四日に連合総研で会っている。

家族以外に話していないという、苛烈な少年時代をこのときに知った。ＫＤＤＩ労組のオフィスに顔を出して、貴重な資料を検索したり、大阪に送ってもらったりしながら、筆者は各所でＯＢ・ＯＧたちと会うようになった。

本書では、労組といえばもっとも話題を集める賃金関係を含めて、あえて触れなかったことが多い。それらだけに没頭したくなかったからである。また、全員に会うというのはまず無理であろうが、コロナ禍という制約のなか、出版を遅らせてでも会いたいという人たちに会えなかったという事実もある。今日に至るＫＤＤＩ労組に貢献された関係者のみなさんに、「これ以上はないだろう」という拍手を贈りたい。

数年にわたる実名ノンフィクションの執筆は、いつも苦しい。しかも、研究者仲間からはまったく評価されないという現実もある。苦しくないと感じるのは、書きはじめる前に内容をあれこれと考える数日間と、ようやくゴールが見えて筆を置く直前の数日間だけである。

脱稿してみると、ＫＤＤＩ労組はユニークな組織というだけでは収まらない何かをもっていると痛感した。たとえば、ユニオンショップからオープンショップを経て再びユニオンショップへ。相次ぐ会社合併による果てしない労組の再編。グループ会社を支部制でまとめた単一組織による各社との労使交渉。次々に導入される先進的な制度設計を支える労使協議制度。毎年、確実に格差を縮める総合職以外の組合員への取り組みなどである。

しかし、一方には、リアル組織率（積極的に参加する組合員の人数で算出する組織率）の低下、職場会や支部活動の不調、本部活動の見えにくさ、政治活動の脆弱性など、組織に忍び寄る「落とし穴」という危機を感知して、葛藤を続けているKDDI労組の姿がある。

KDDI労組は、別の労組が直面するであろうことを、あたかも一人で何役も演じるような形で経験しているように思われる。一例を挙げれば、最初からユニオンショップもしくはオープンショップの労組ならば、到底見れないであろうことをすべて見せてくれる。そのせいだろう。本書を執筆している途中から、KDDI労組は企業別組合のことを学ぶ教科書であるかのような錯覚すら覚えてきた。また、マスコミ報道などであっさりと要約されがちな労働条件や制度の詳細を知るにつけ、何度も驚かされた。

これらの理解に基づいた執筆を心がけたわけだが、実は細かく書き込んではいない。さらに、同じ態勢で国際電電労組とKDD労組を調べたが、潔くほとんどを割愛した。

KDDI労組の内実を知るにつれ、昭和、平成、令和の先人たちが背負ってきたものが頭にこびりつくようになった。本書に記した内容が、KDDI労組の組合員たちや一般の読者に伝えたいものになったのかどうかは定かでない。だが、読者の心に少しでも刺さるものがあったとすれば、精いっぱい執筆した甲斐がある。

組織といっても結局は人（ひと）である。人間もしぶといが、組織もしぶといのだ。そう簡単に亡びないし、危機に直面しても、凄まじい乗り越え方を見せてくれる。ＫＤＤＩ労組における「乗り越えの歴史」を振り返っても、人間の営みのなかに「奇跡」とも思えるような必然が多々あった。

ＫＤＤＩ労組結成二〇周年を迎えて、未来へ向かう人たちは、たくさんのことを乗り越えてきた「軌跡」を誇るべきである。

ノンフィクションを書くという苦しみのなかにも、楽しみというものがあった。以下の関係者たちに会えたことである。インタビューに応じてくださった佐賀健二、松崎哲育、依田哲夫、関義信、山田耕平、横山昇、松下正治、千葉仁平、五十嵐晋、金澤俊治、杉山豊治、上村正紀、須永郁夫、松江小洋、田原龍一郎、大西充、甲地良衣、小澤介士、上口洋典、才木誠吾、吉永徹也、尾崎勝政、後藤一宏、松井一浩、渡邊拓也、宮原千枝、春川徹、柴原准二、瀬田奈緒子、浦早苗、佐藤宗紀、細川泰幸、鈴木嘉仁、登尾直樹、栗山真人、猪口大樹、長谷川強、大谷辰也、大野敦史、前田健雄、永渕達也、伊藤友明、藤本孝幸、橋本源太、井澤大輔、安藤祐樹、村田唯、小川原亮、早川英孝、吉田久男、石橋通宏、伊藤栄一、森嶋正治、柴田謙司、鈴木不二一、黒瀬栄二、佐藤晴之、石井繁雄の各氏、また重要な関連情報を教えてくださった熊沢誠、稲上毅、情報労連所蔵資料、大原社会問題研究所所蔵資料でそれぞれお世話になった対馬洋平、榎一江、中村美香、国際電電労組資料、ＫＤＤ労組資料、ＫＤＤＩ労組資料の提供のみならず、意見交換、写真提供、原稿へのコメントなどで惜しみない協力をいただいた本書編集委員会のみなさんに感謝したい。なお、文中において敬称を略させていただいたことを最後にお詫びする。

素晴らしい表紙で本書を飾ってくださったイラストレーターのかわしまえみさん、精魂込めて本書をつくってくださった株式会社新評論の武市一幸さんにもお礼を伝えたい。

それぞれの方、およそ一時間半、主要人物には数回にわたる傾聴を重ねるほど、人間の営みが縦横に編まれて、リアルな労働組合の姿になる過程をはっきりと目撃することができた。決して年表一枚には収まらない結成二〇年に息づく歴史のなかで、歴史が主役なのではなく、「人間が主役である」ことも確信できた。これまでの人生において、誠に幸運を感じる楽しみであった。

二〇二二年二月

暮れなずむ大阪・阪神野田にて
栗焼酎を妻と楽しみながら
本田一成

・佐賀健二『実践的情報通信政策論』亜細亜大学国際関係研究所、2000年
・佐高　信『戦後企業事件史』講談社現代新書、1994年
・渋沢和樹『挑戦者』日本経済新聞出版社、2010年
・清水一行『社命』角川文庫、1993年
・鈴木貴博『逆転戦略』ダイヤモンド社、2005年
・武田晴人編『日本の情報通信産業史』有斐閣、2011年
・津山恵子『NTT & KDDI　どうなる通信業界』日本実業出版社、2000年
・日刊工業新聞社取材班編『動き出す新電電』日刊工業新聞社、1984年
・日経コミュニケーション編『光回線を巡るNTT、KDDI、ソフトバンクの野望』日経BP社、2005年
・ノーマン・スタッグ／PTTI東京事務所訳『未来への挑戦　国際郵便電信電話（PTTI）75年の歩み』日本評論社、1987年
・林　秀弥、武智健二『オーラルヒストリー　電気通信事業法』勁草書房、2015年
・平松　斉『電話の向こうはこんな顔』サイマル出版会、1980年
・毎日新聞社会部『たかり』講談社、1980年

参考文献一覧

・『国際電信電話株式会社二十五年史』
・『KDD 社史』
・『KDDI 発足10周年社史』
・「国際電電労働組合全国大会議案書」（各年版）
・「国際電電労働組合全国大会議事録」（各年版）
・「国際電電労働組合中央委員会議案書」（各年版）
・「国際電電労働組合中央委員会議事録」（各年版）
・「KDD 労働組合全国大会議案書」（各年版）
・「KDD 労働組合全国大会議事録」（各年版）
・「KDD 労働組合中央委員会議案書」（各年版）
・「KDD 労働組合中央委員会議事録」（各年版）
・「KDDI 労働組合全国大会議案書」（各年版）
・「KDDI 労働組合全国大会議事録」（各年版）
・「KDDI 労働組合中央委員会議案書」（各年版）
・「KDDI 労働組合中央委員会議事録」（各年版）
・「国際電電」（国際電電労働組合機関紙）（各号）
・「KDD W.U.」（KDD 労働組合機関紙）（各号）
・「KDDI W.U.」（KDDI 労働組合機関紙）（各号）
・『電通労連結成二十周年のあゆみ』1983年
・『情報労連近畿四十年の軌跡』2002年
・『情報労連運動史　第１巻』2012年

・稲盛和夫『私の履歴書　ガキの自叙伝』日経ビジネス人文庫、2004年
・稲盛和夫『アメーバ経営』日本経済新聞出版社、2006年
・川上　充『もう１つのソニー自叙伝』本の泉社、2005年

永渕達也	現本部執行委員（KDDI エンジニアリング支部）
中村重光	社会党衆議院議員
西坂佳幸	西日本支部長
二宮　誠	UA ゼンセン役員（ゼンセン３大オルグ）
野田三七生	情報労連委員長
登尾直樹	現事務局長
橋本源太	現 KMO 支部長
長谷川強	現副委員長
早川英孝	現本部執行委員（西日本支部）
春川　徹	事務局長、情報労連役員、現委員長
藤本孝幸	現西日本支部長
藤山純子	本部執行委員
船戸正一郎	本社中央支部長
北條幸徳	西日本支部副支部長
細川泰幸	KDDI エンジニアリング支部長
前田健雄	現本社中央支部長
松井一浩	副委員長
松江小洋	初代委員長
松崎哲育	宝塚市議会議員
松下正治	電通労連役員、国際電電労組副委員長
宮原千枝	情報労連役員、副委員長
村田　唯	現本部執行委員（本社中央支部）
森嶋正治	情報労連委員長、NTT 労組委員長
山田克己	国際電電労組第７代委員長
山田耕平	本部職員
横川弘隆	国際電電労組副委員長、情報労連役員
横山　昇	国際電電労組第10代委員長
吉川沙織	現参議院議員
吉田久男	現本部執行委員（KDDI エンジニアリング支部）
吉永徹也	本部執行委員、現東日本支部副支部長
渡邊拓也	第４代委員長

上口洋典	第３代委員長
上村正紀	本部事務局長
川本美希	現本部職員
岸本英太郎	京都大学教授
栗山真人	本部執行委員（西日本支部）
車塚成美	本社中央支部長
黒瀬栄二	情報労連役員
甲地良衣	現本部職員
後藤一宏	第５代委員長、現連合
才木誠吾	情報労連役員、副委員長
佐賀健二	国際電電労組調査部長、電通労連役員
佐藤　香	本部執行委員
佐藤　真	本社中央支部長
佐藤宗紀	本部執行委員、現 KDDI エンジニアリング支部長
柴田謙司	情報労連書記長、現 NTT 労組事務局長
柴原准二	副委員長、現情報労連役員
清水正人	東日本支部長
白尾善生	東日本支部長
杉山豊治	本部執行委員、情報労連役員、連合役員
鈴木嘉仁	西日本支部長
須藤猛敏	西日本支部長
須永郁夫	本社中央支部事務局長
瀬田奈緒子	本部執行委員（本社中央支部）
高野久吉	国際電電労組初代委員長
高橋　誠	現 KDDI 社長
竹内ちひろ	現本部職員
田中孝司	KDDI 社長
田中美代子	現本部職員
田原龍一郎	本部執行委員（本社中央支部）
千葉仁平	国際電電労組委員長、KDD 労組委員長
徳田和彦	ソフトバンク労組書記長
豊田章一郎	トヨタ自動車社長、KDDI 名誉会長

本書に掲載した主要人物の一覧

（アイウエオ順。肩書きは登場時など。KDDI 労組名は省略した）

青木誉浩	KDDI テクノ支部事務局長
安齋博史	KDDI テクノ支部副支部長
安藤祐樹	現本部執行委員（西日本支部）
五十嵐晋	国際電電労組本部執行委員、情報労連役員
井澤大輔	現 KMO 支部事務局長
石橋通宏	NTT 労組職員、ILO 職員、現参議院議員
伊藤栄一	全逓国際部長、UNIApro 東京事務所長
伊藤友明	現本部執行委員（東日本支部）
稲盛和夫	京セラ社長、DDI 会長、KDDI 名誉会長
猪口大樹	本部執行委員（本社中央支部）
上田基弘	本社中央支部長
梅田基弘	本社中央支部長
浦　早苗	本部執行委員、現情報労連役員
遠藤　晃	パワードユニオン副委員長、PCU 支部長、本社中央支部長
大谷辰也	現東日本支部長
大西　充	副委員長
大野敦史	本社中央支部長、現副委員長
小笠原豊	東日本支部長
岡田健作	パワードコムユニオン副事務局長、本社執行委員
岡田弘明	西日本支部長
小川原亮	現本部執行委員（東日本支部）
奥山雄材	DDI 社長、KDDI 社長
尾崎勝政	東日本支部長
小澤介士	第２代委員長
小野寺正	KDDI 社長
金澤俊治	情報労連役員、副委員長
桂川裕介	本部執行委員
加藤利恵	現本部職員
門田美雪	東日本支部執行委員

著者紹介

本田一成（ほんだ・かずなり）
武庫川女子大学経営学部教授。博士（経営学）。
人的資源管理論、労使関係論専攻。
主な著作に、『チェーンストアの人材開発　日本と西欧』（千倉書房）、『チェーンストアのパートタイマー　基幹化と新しい労使関係』（白桃書房）、『チェーンストアの労使関係　日本最大の労働組合を築いたＺモデルの探求』（中央経済社）、『オルグ！オルグ！オルグ！労働組合はいかにしてつくられたか』（新評論）、『写真記録・三島由紀夫が書かなかった近江絹糸人権争議』（新評論）などがある。

ビヨンド！
── KDDI労働組合20年の「キセキ」──

2022年４月30日　初版第１刷発行

著者　本田一成
発行者　武市一幸

発行所　株式会社　新評論

〒169-0051
東京都新宿区西早稲田３-16-28
http://www.shinhyoron.co.jp

電話　03(3202)7391
FAX　03(3202)5832
振替・00160-1-113487

落丁・乱丁はお取り替えします。
定価はカバーに表示してあります。

印刷　フォレスト
製本　中永製本所
装丁　星野文子

Printed in Japan
ISBN978-4-7948-1207-0